清末民初文獻叢刊

奇觚室吉金文述

（下册）

［清］劉心源　著

朝華出版社
BLOSSOM PRESS

鏡文

漢日光鏡

嘉魚劉心源幼丹甫學

右濮氏農賢懋器銘八字吾舊得一小圜鏡拓本字迹式樣与此相類銘亦八字云見日之光長毋相忘憯失檢也

漢劉氏鏡

右漢陽周佩之賫壽器銘三十二字穀下當有孰字鑄范奪也竟鏡省它器同与王氏鏡銘略同

漢大吉鏡

漢大吉鏡

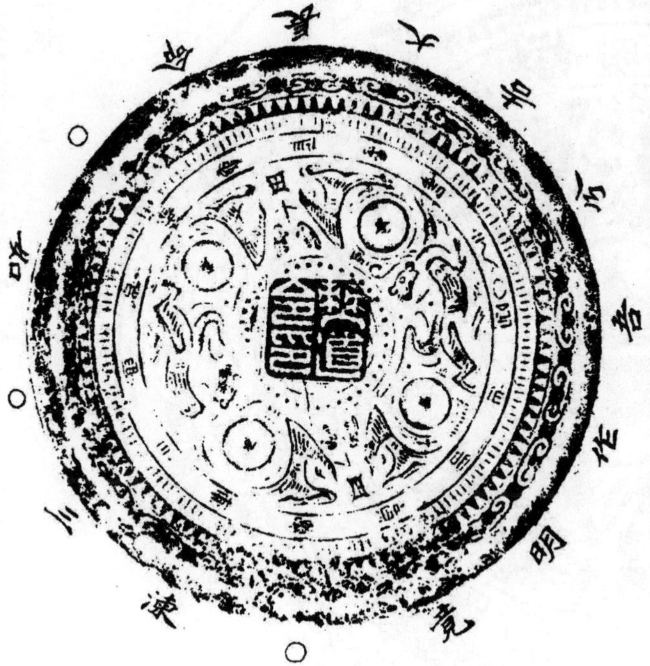

右周佩之贈夲銘十五字舊題幽湅三商鏡心源案幽字商字皆難辨也幽湅三商漢鏡多此語見博古圖二十八

漢九子鏡

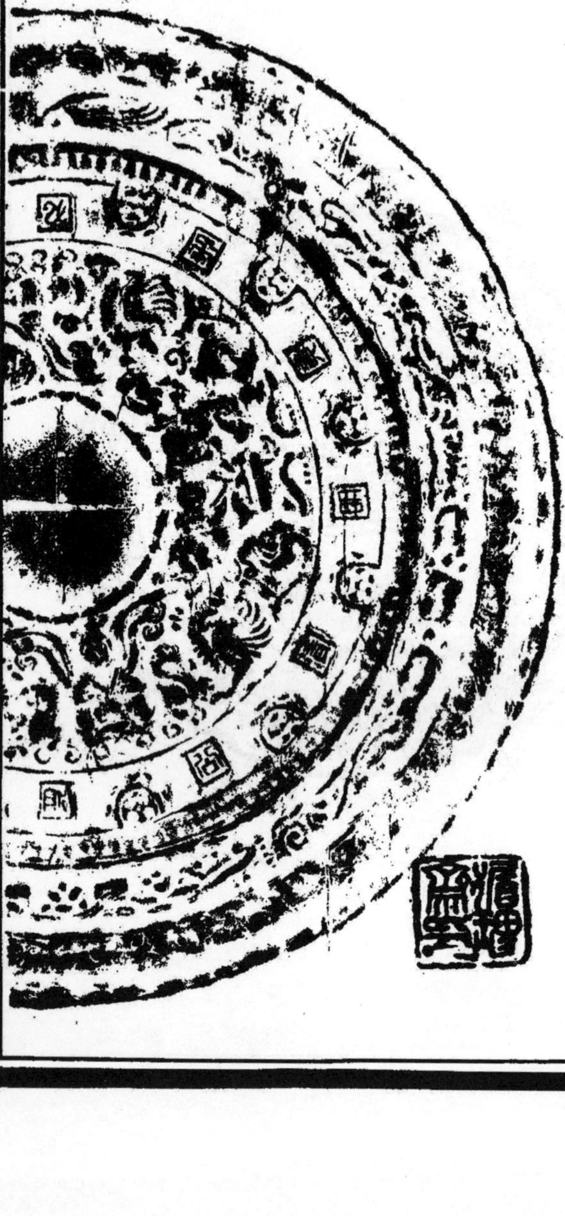

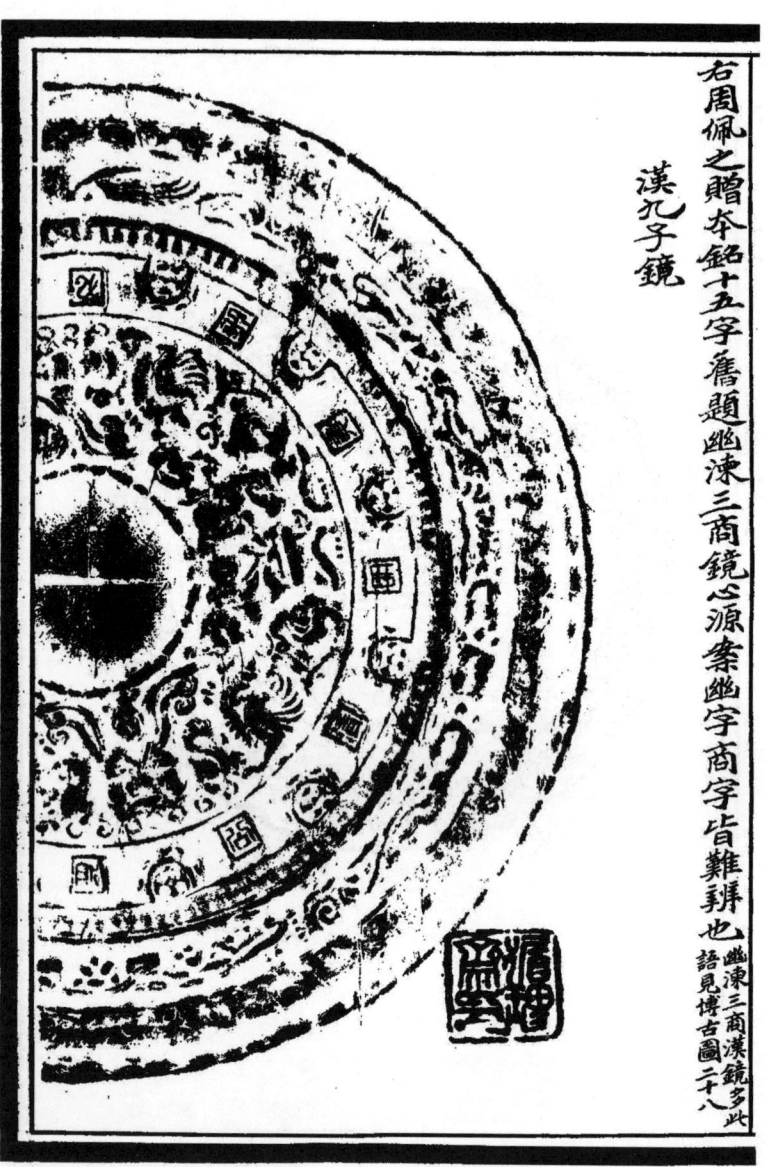

美乙子竟

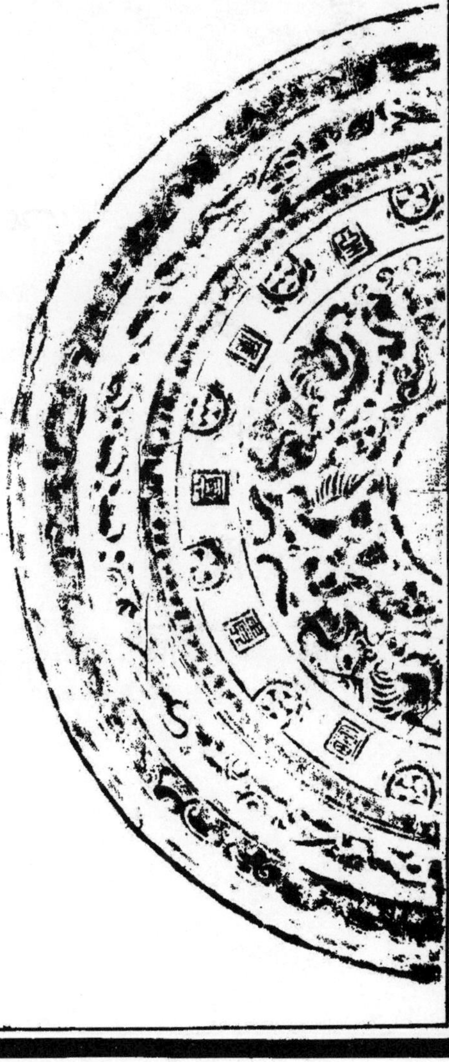

亮明清白服富貴宜宗王孔外

右周佩之器銘十二字

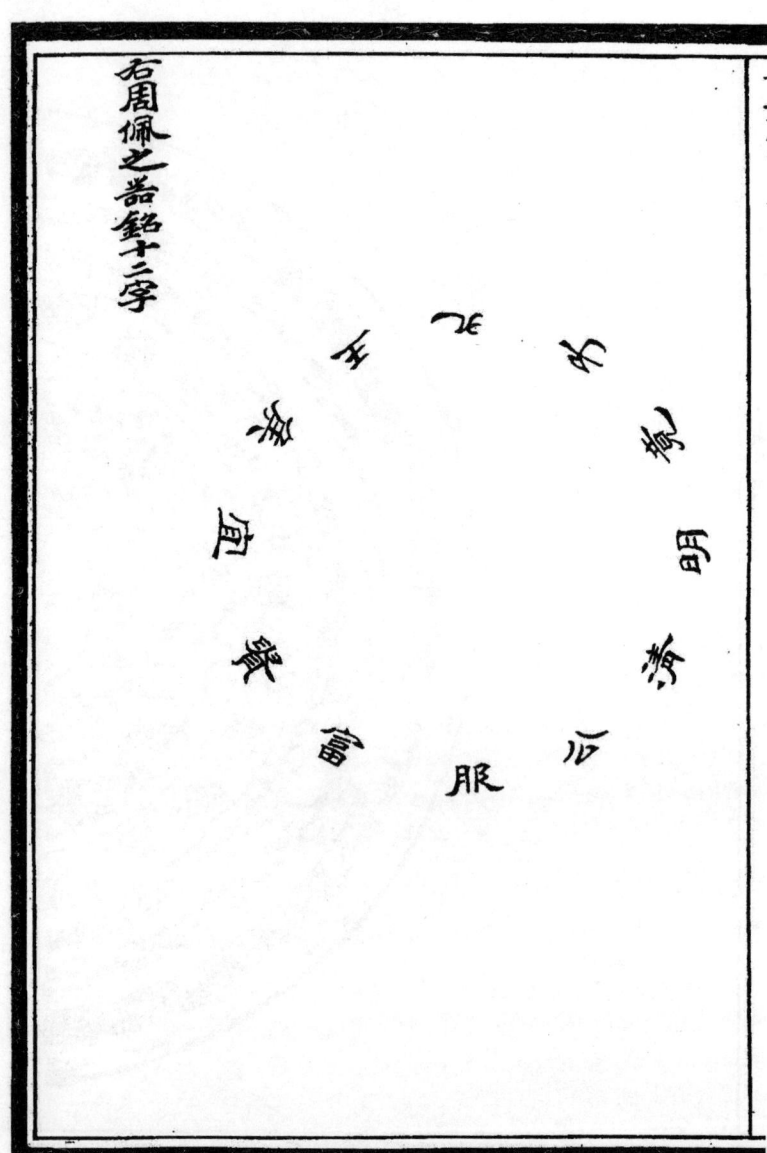

漢朱爵元武鏡

朱爵元武順陰陽
八子九孫治中央照
酉四○萬國樂永照內
可觀君宜官○孫子

大泉五十　大泉五十　大泉五十

右楊惺吾贈本銘三十二字外郭有貨泉三枚

漢熹平鏡

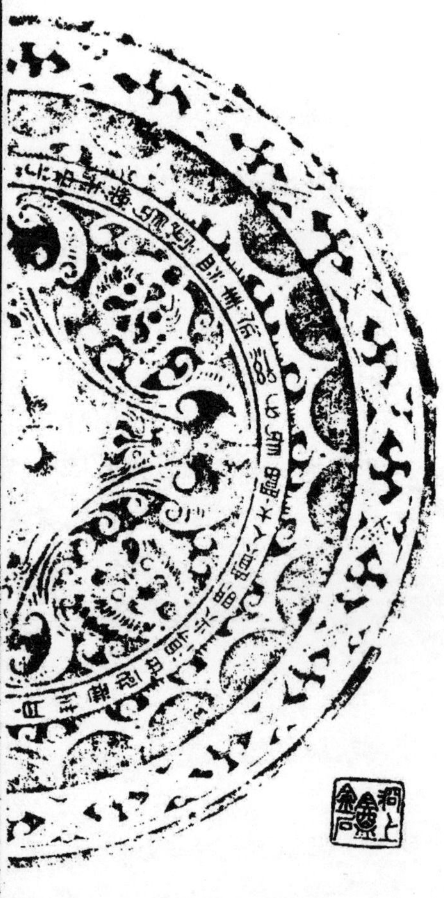

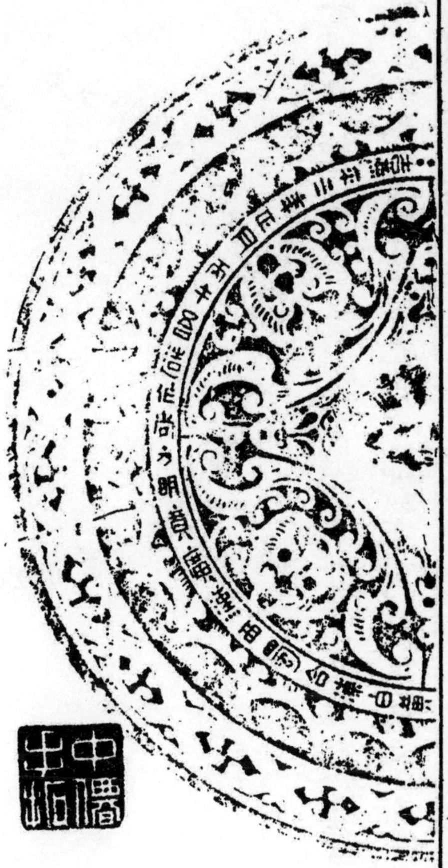

右襄陽錢仲宣蓀青盖銘四十七字吾宦蜀時錢㠯拓本見寄并乞題跋未報而吾遷江西

今春旋鄂錢持此鏡謁于省廳見其青光油々目炫神駭事冗仍不暇跋一語系此㠯傳之辛丑

漢尚方鏡一

右章勤生器銘三十又三字

漢尚方鏡二

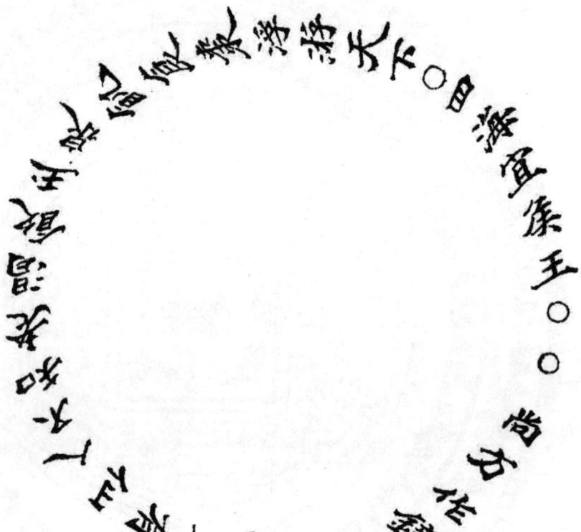
尚方作鏡真大好上有仙人不知老渴飲玉泉飢食棗浮游天下四海宜侯王

漢尚方鏡二

右襆反農器銘十七字

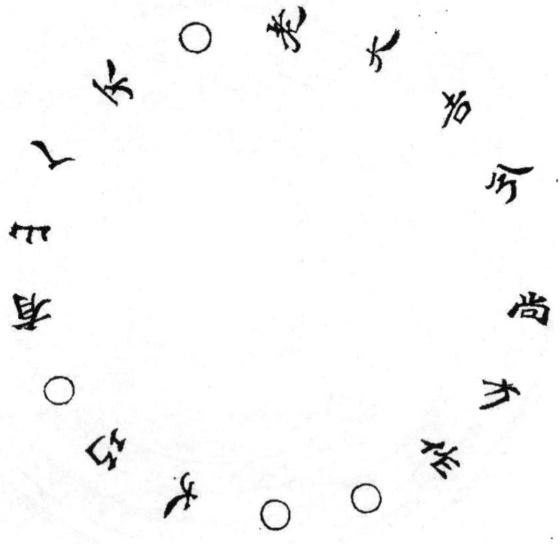

漢尚方鏡三

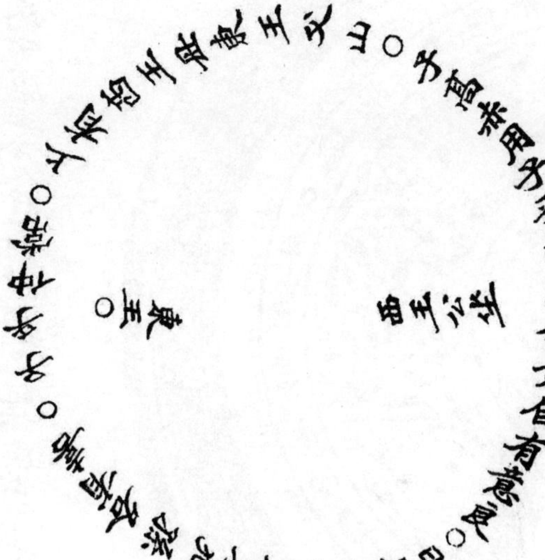

右周佩之器銘四十九字公字鑄笵誤當作毋山仙省後一鏡作仙仲常當是人名銘語多有湊字乃工匠所為子高琴高也赤用子赤松子也淮南齊俗作赤誦太平廣記西王毋者金

母也木公亦号東王公案曹植遠遊篇驅車篇並云東父即此東王父也老君枕中經東王父姓無爲字君解西王母姓自然字君思一云東王公名倪字君明西王母姓楊名回列仙傳琴高者趙人也以鼓琴爲宋康王舍人行涓彭之術史記留侯世家赤松子索隱神農時雨師

漢袁氏鏡一

漢袁氏鏡一

右周佩之器銘三十五字真下三字據後一鏡作大好上諸方合此宮造二字乃後人嵌入者

說文詳前一鏡

漢袁氏鏡二

右縢本銘三十五字拓手不精可与前銘相證

漢青蓋鏡一

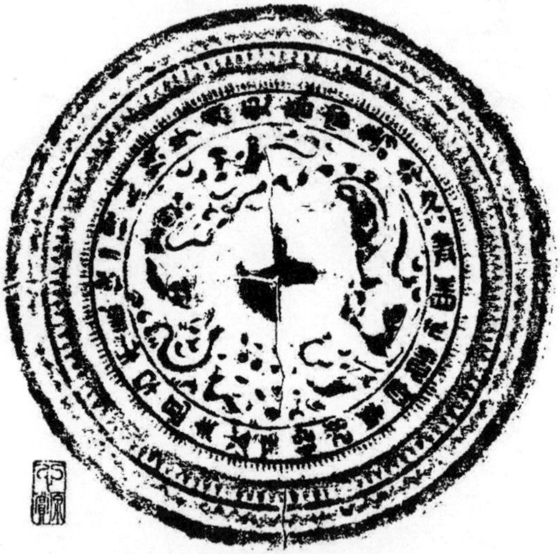

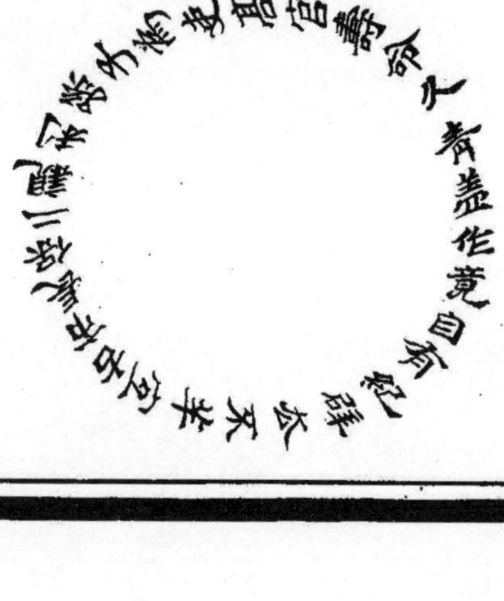

右周佩之器銘二十八字青蓋當是人名古鑑三十九載此銘古市作吉市

漢青蓋鏡二

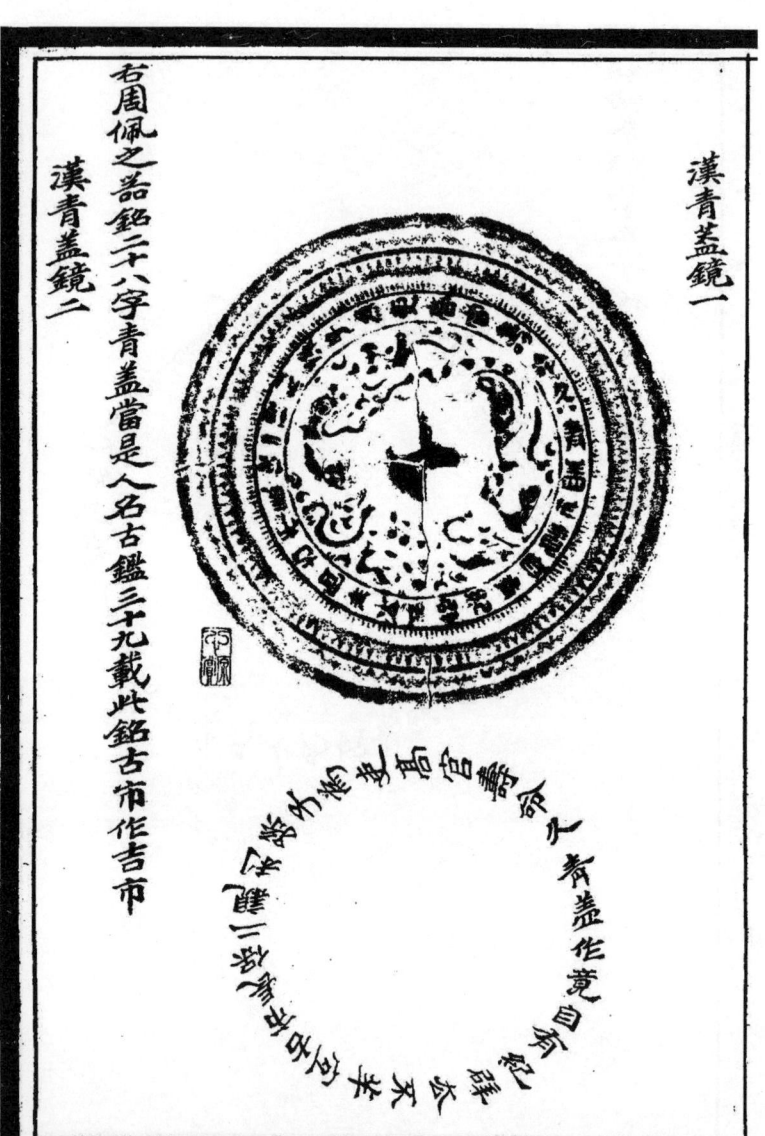

漢青盖鏡一　漢青蓋鏡二

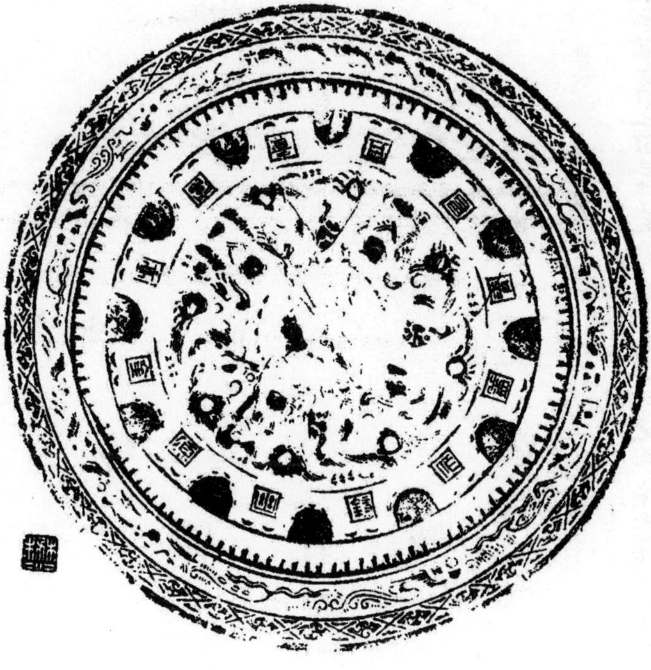

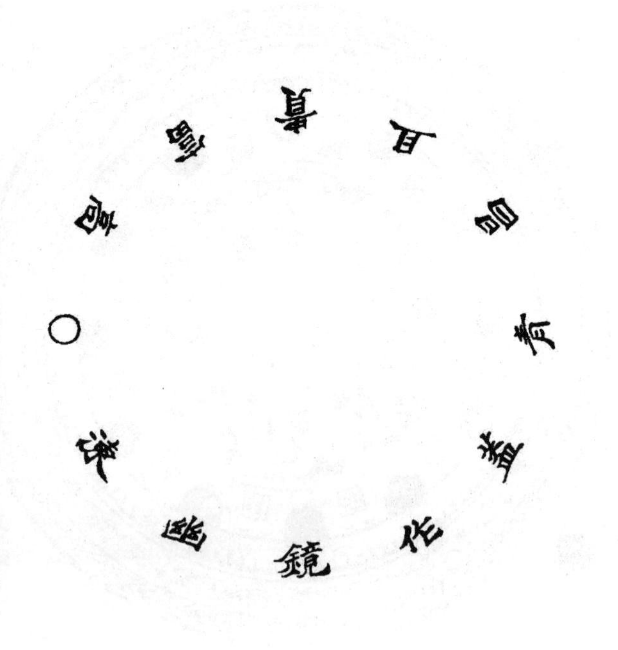

右漢氏農器銘十二字第二句當是幽湅三商漢鏡多此語鑄工往往有譌字

漢青蓋鏡三

右漢辰農器銘三十五字与王氏鏡文略同

漢青蓋鏡四

漢青盖竟四

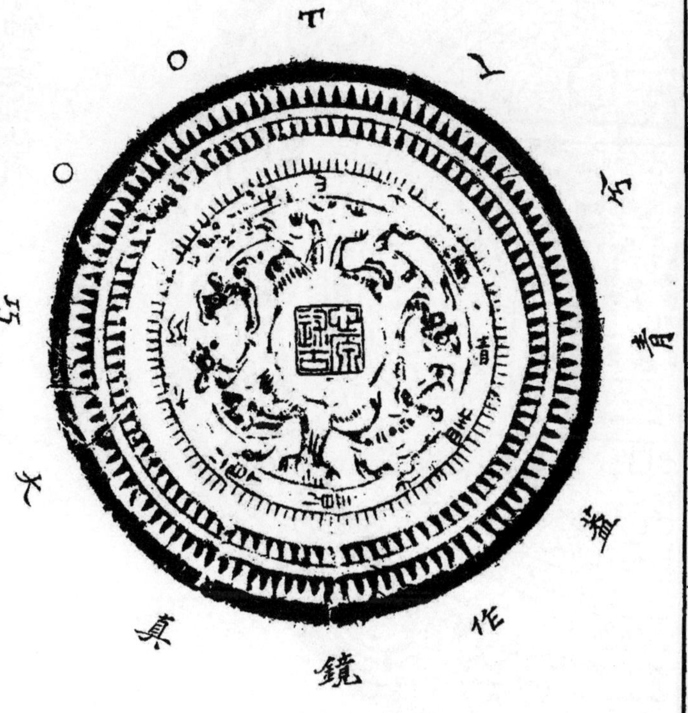

右柯興會壺器銘十二字蝕二字山仙省

漢十二辰鏡一

右臏夲銘四十五字富昌合文羊祥省文下當是章字

漢十二辰鏡二

漢十二辰鏡二

右樸辰農器銘四十三字澧通醴

漢十二辰鏡三

漢十二辰鏡三

右柯巽盦器銘殘存者三十二字山仙省食下它鏡是棗字銘畧見博古圖丹鉛總錄西清古鑑並有詳略字句亦異

漢家常貴富鏡一

家

常　　富

貴

右鏡本銘四字回環成誦

漢家常貴富鏡二

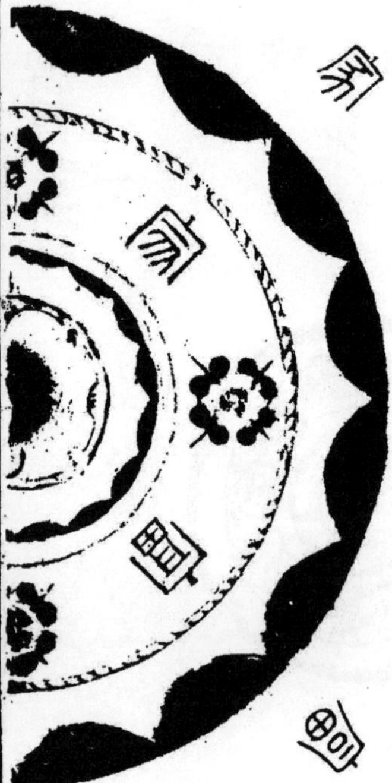

漢家常貴富鏡二

右柯巽盦器銘四字爲回環成誦

漢長毋相忘鏡

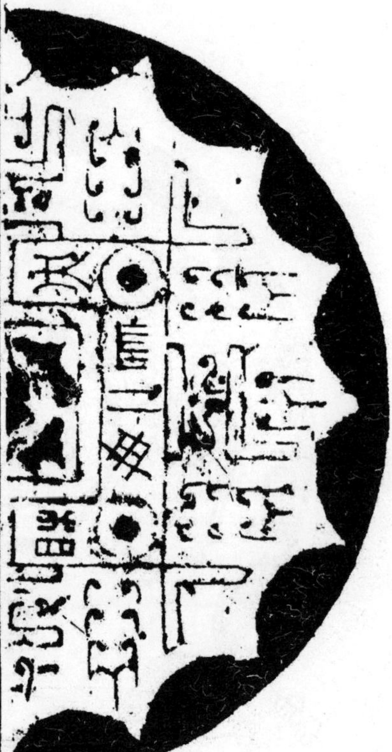

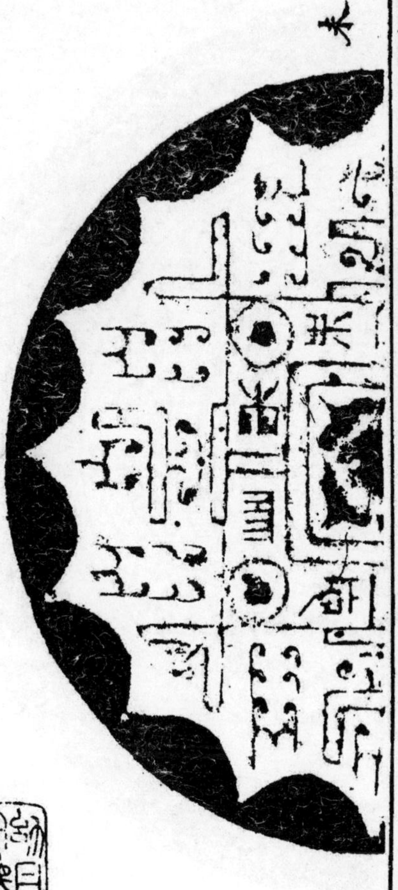

右柯巽盦器銘八字

漢宜子孫鏡

漢宜子孫鏡

右柯昊盦器銘三字博古圖西清古鑑所載式各不同

漢長宜子孫鏡一

右柯巽盦㽓銘四字

漢長宜子孫鏡一

漢長宜子孫鏡二

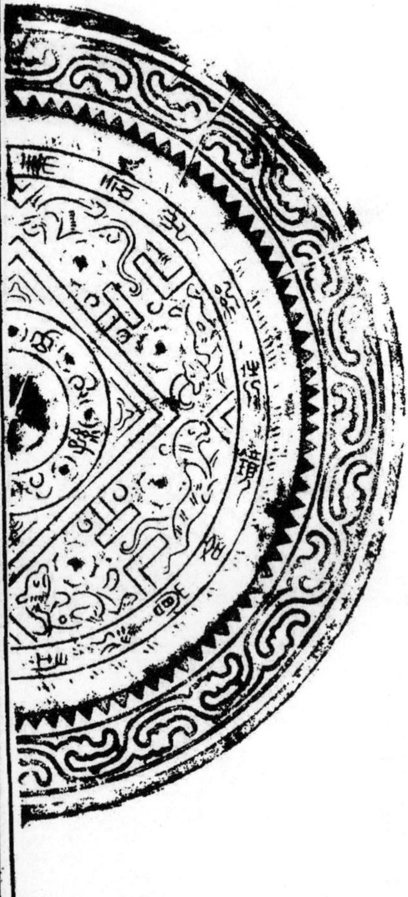

漢長宜子孫鏡二

三

右賻夲銘二十三字漢鏡多有語句譌奪及生湊成文者此類是也

漢長宜子孫鏡三

右吳紹禹觀詧器銘四字鏡碎而三賸合拓之

漢長宜子孫鏡四

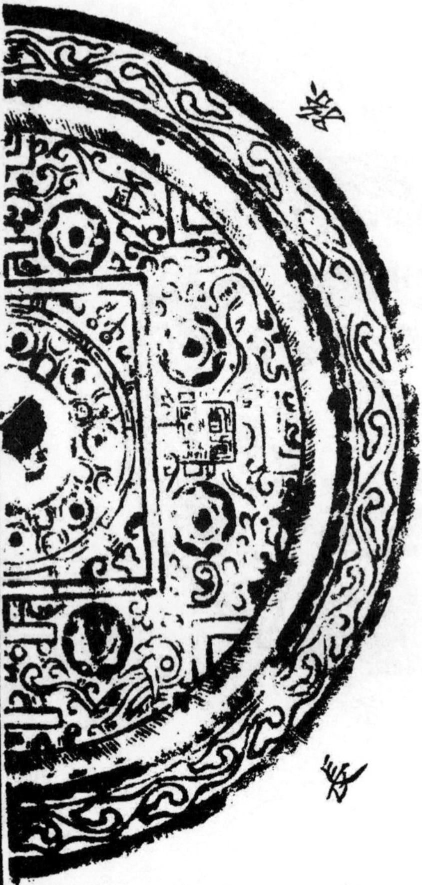

漢長宜子孫鏡四

右賻本銘四字方印及何字淺人嵌入

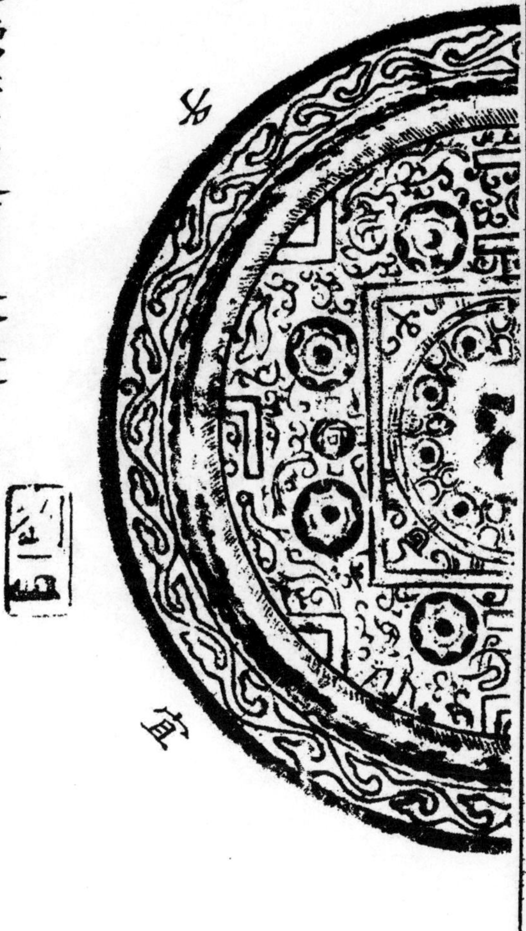

漢長宜公卿鏡

右濮氏農器銘四字

漢位至三公鏡

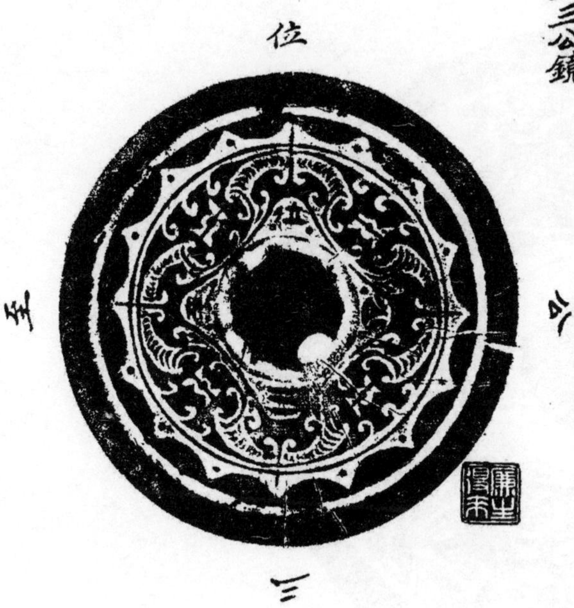

右王廣生祭酒懿榮器銘四字

漢士至三公鏡

右柯巽盦器銘四字

漢士至三公鏡

漢鉛華鏡一

右柯巽盦器銘三十四字鉛華或釋銅華非李商隱杏花詩鏡拂鉛華膩蓋出於此雲笈七籤丹砂生木鉛華出金凡鑄鏡必用鉛和銅質也

漢鉛華鏡一

漢鉛華鏡二

右柯巽盦器銘三十四字末二語當倒讀叶韻

漢鉛華鏡二

漢鉛華鏡三

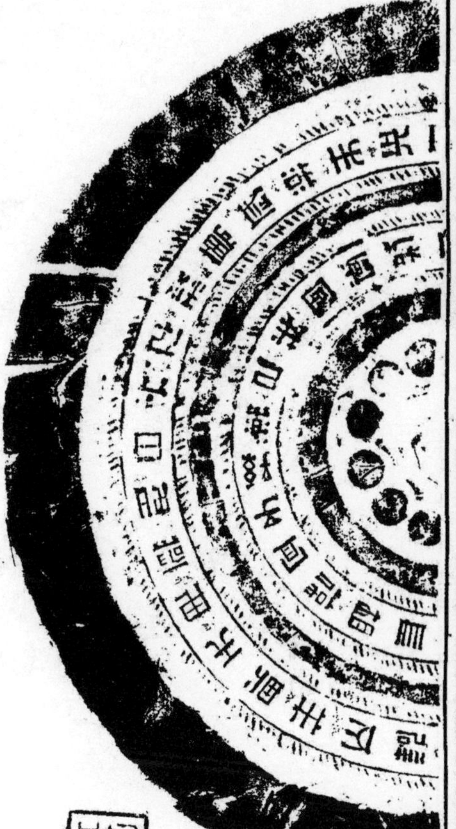

右周佩之器銘六十字

漢四門方鏡

漢四門方鏡

門乾壁室危虛女牛斗鬼門
奎亥子丑乙箕
○戌壬癸寅尾
○辛甲心
昴酉卯房
畢庚乙氐
觜申丁丙辰亢
○己未午巳戊角
門人井鬼柳星張翼軫出門

右濮氏農贈本銘六十二字

漢先志鏡

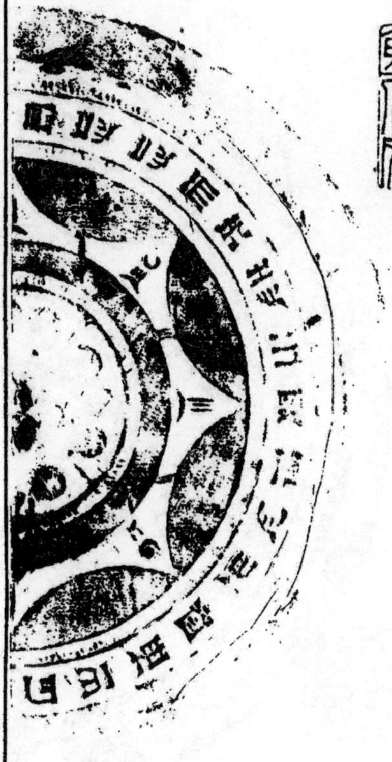

右周佩之器銘三十字佩之云臾諛省者諸省引釋訓諸諸使使辯也謂諂諛不可盡行蓋戒諛之詞心源案重言忘者戒之深也

漢王氏鏡一

右濮氏農器銘三十一字

王氏作竟四大好上有山人不知老渴飲玉泉飢食棗浮游天下敖三海壽國保

漢王氏鏡二

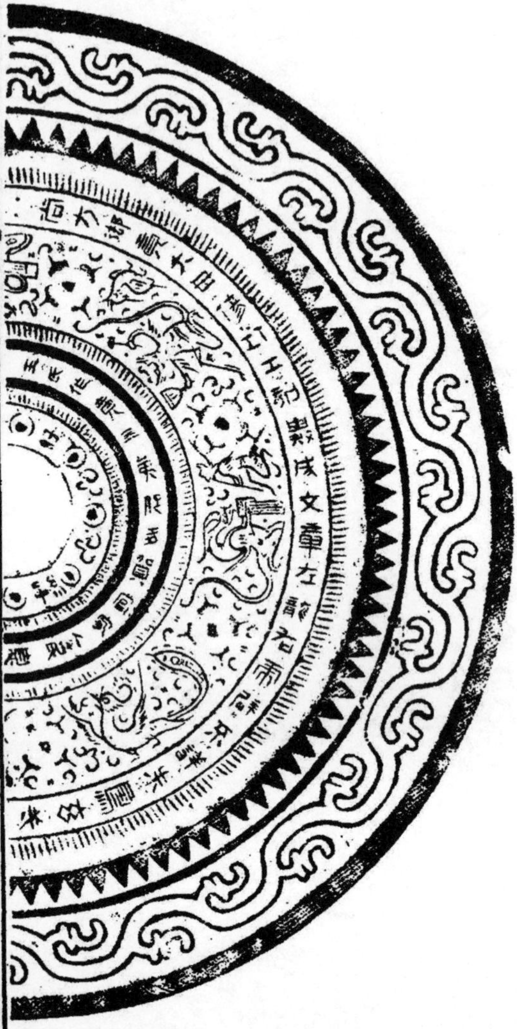

漢王氏鏡二

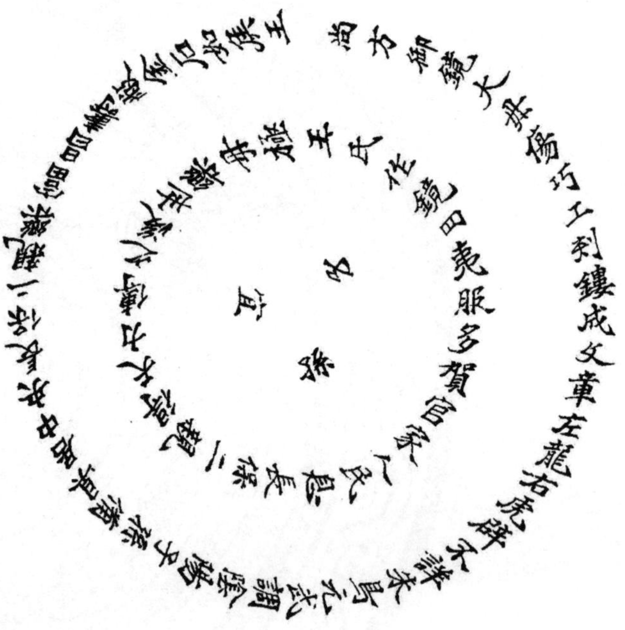
尚方御竟大毋傷巧工刻鏤成文章左龍右虎辟不詳朱鳥元武調陰陽子孫備具居中央長保二親樂富昌壽
王氏作佳鏡日袁服多賀官家人民息長保二親得天力傳之後世樂毋極
宜

右徐抟鴻觀察器銘八十字㝅从婁从又乃數省此當讀鏤或釋畫非詳通釋它鏡亦有作華者其云王氏作鏡四夷服蓋頌莽功德知為新室之器矣

漢猒勝鏡

右章勤生刑幕儀慶器銘十二字勤生云此如武梁祠畫象之例吕爲漢武封禪神仙事引史記天官封禪書及漢書禮樂志其言甚辯不悉載

漢善銅鏡

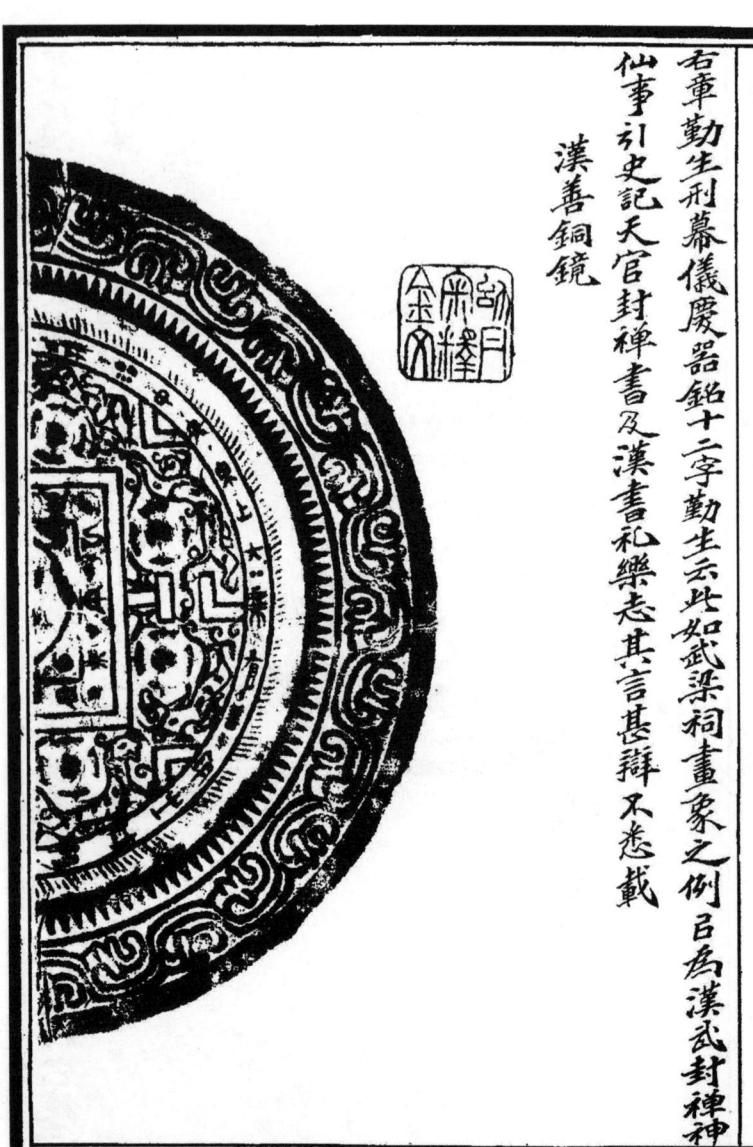

漢善銅鏡

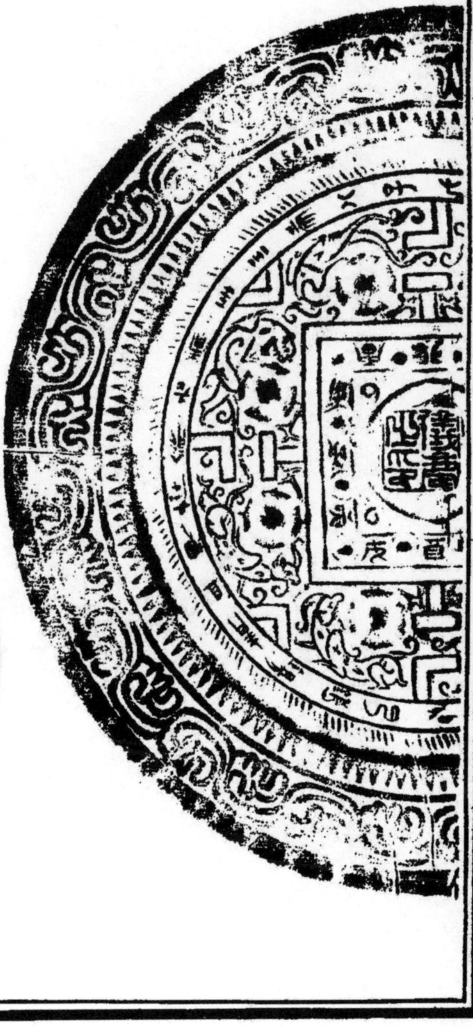

右章勤生器銘四十九字勤生吕桼為王莽國号余仍吕新舊義解之

唐四馬鏡

唐四馬鏡

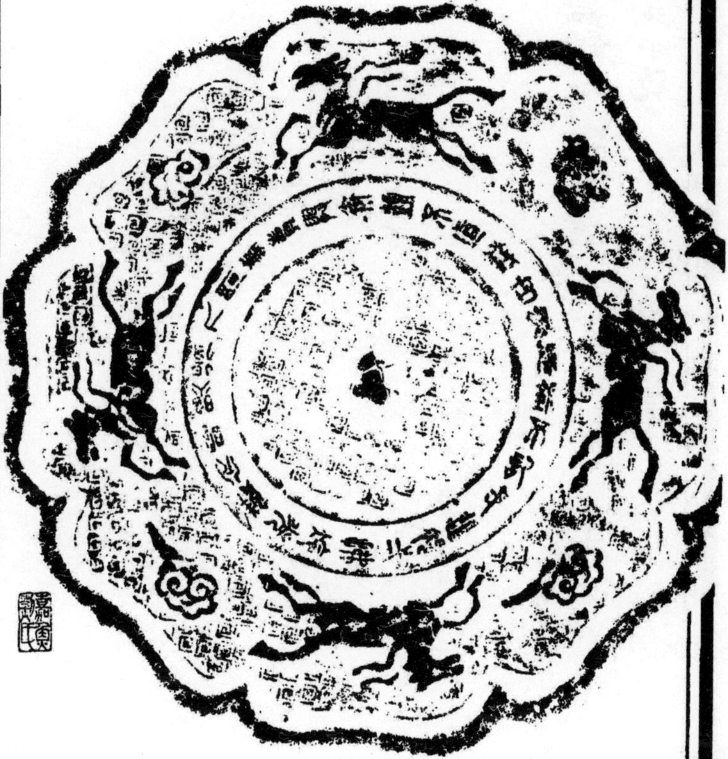

右周佩之器銘二十八字

唐斗牛鏡

唐斗牛鏡

軒轅準法造丹藥

人有十口前

牛無角後

牛有口走

百煉成得者身昌

右漢氏農贈本銘篆書十四字真書十三字下作北斗形牛形案人有十口者口中十為甲字前牛無角後牛有口走者言前一字牛字去角為午字後一字牛字加口又加辶為造字俗讀辶為走也此乃甲午造三字謎語耳

唐鐙劍鏡

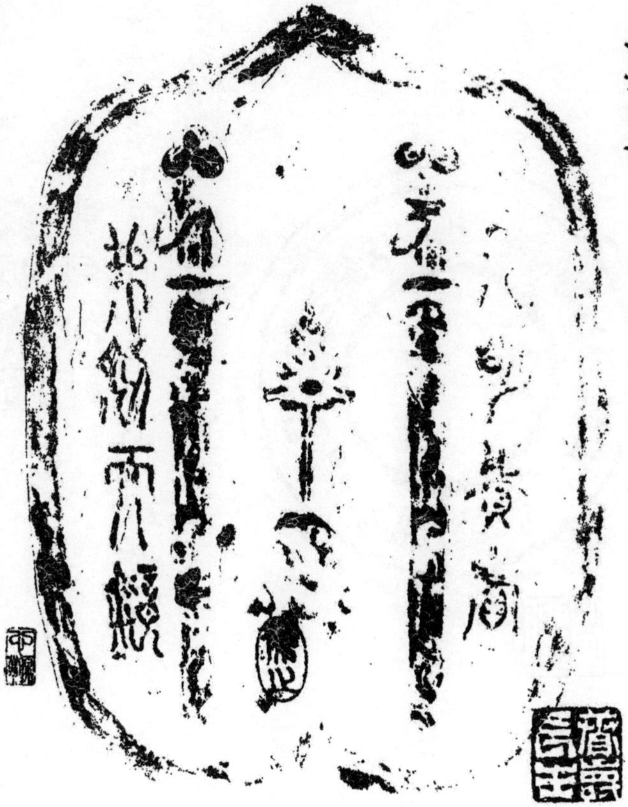

突明貴寶
弗劍而鏡

右周佩之器銘八字中作鐙形取其明也兩劍取其決也

唐元卿鏡

右濮辰農器銘二十四字元卿當是作器者名莊子其名為攖寧攖寧也者攖而後成者也

注攖拂亂也謂相紛紜之中而成大定即此銘所用義

補鼎敦文

康侯鼎

嘉魚劉心源幼丹甫學

康侯丰作寶尊

右門人丁仲康編修贈本銘六字已詳卷一此異范因采入又筠清館金文四攈古錄金文一之三皆文同范異此後補述之本凡不標贈者姓名皆出仲康也

父癸鼎

戈父癸

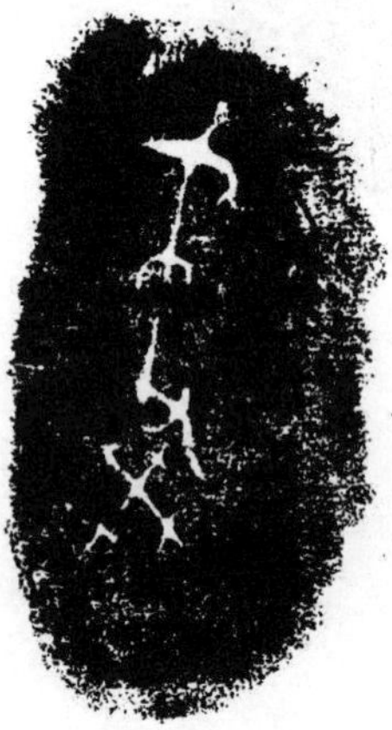

戈父癸

右鼎銘三字不能別器蓋前銘見積古𢇍款識一攈古錄一之二皆無後銘

婦馭鼎

婦馭

右鼎銘二字已詳馬六卣文

虎鼎

亞中虎 父丁

右鼎銘四字与積古攈古虎父丁鼎同笵阮氏解亞字殊强據伯貞甗獻字作𣪘

虢季子白盤獻字作獻此亞中字亦可釋犬古者祭宗廟用犬也

父乙鼎

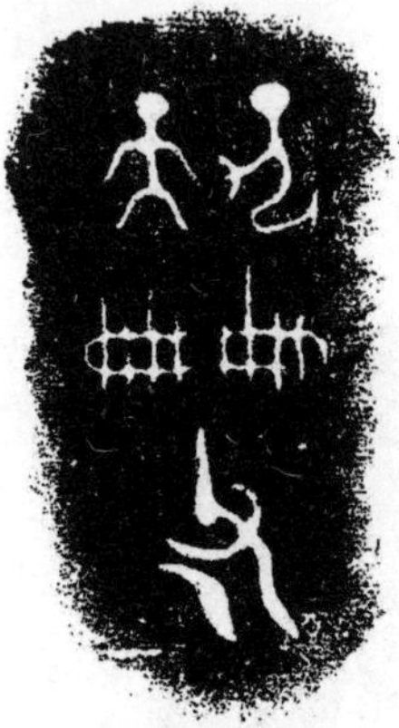

釋同犇

孫冊
子冊
父乙

右鼎銘六字積古攈古皆录後銘此拓器蓋獨全也

穆鼎

穆作父丁
寶尊彝

右鼎銘七字積古攈古皆同范阮引吳侃叔說解穆字求深轉晦以古器通例言之此穆為人名何疑乎

召父鼎

召父作厥
父寶彝

右鼎銘七字舊爲積古攈古同笵厥非乃詳勳父鼎此父字缺一筆

宥鼎

宥作父辛
尊彝亞中弓矢

右鼎銘九字積古攈古皆同笵宥人名阮解侑食非古者重射故㠯弓矢為銘阮云弓矢所㠯旌武功也

旂鼎

唯八月初吉
辰在乙卯公錫
旂僕旂用作
文父日乙寶
尊彝析子孫

右鼎銘二十又六字積古攈古同笵旂作器者名阮云礼天子於有功諸侯賜呂僕正虎賁僕習騎射者此云公錫乃諸侯錫大夫辟書髙克尊銘曰錫伯克僕卅夫是也又文猶言文祖文母日乙詳𢎽六周䕯壺析木詳師𩰫鼎二𢎽

媿𩆜鼎

圊君婦媿𩆜
旅車輦尊鼎
其萬〇〇〇

右鼎銘可識者十又一字積古無色君鼎也首一字囗中作𠂤乃倒𠂤即友之古文見無叀鼎詳𩰫侯鼎古文友有通用囗中友即囗中有當是圊之古文此蓋國名無考者弟三字从女从反

帚明是婦字阮釋嫛非圎君婦猶春秋言夫人婦左宣元年注稱婦有姑之辭是也媿女姓詳鄭同媿鼎需乃媿氏之字車爲輦省即槤詳墓伯鼎攈古錄二之一亦載此銘釋文承譌今正之

疐鼎

王令〇戡東反

𡰥疐肇從遣征

攻單戰無啻敵省于厈

身孚俘戈用作寶尊

彝子=孫其永寶

右鼎銘三十二字子重文一積古四攈古二之三皆同範令下一字未詳阮引石鼓文遹字為不合戠从廾乃二才竝古文之繇也說文𢦏故國在陳留从邑𢦏聲今用戴春秋三傳古本皆作載穀梁釋文載本或作戴令戠無人識矣𡰥即夷阮釋節非詳宿妃萬井𡰥姒鍾攻阮云省支从又是也然古文力皆从𠬪又作𠂇石鼓文勒字从之此銘乃功字从屮不及古文功攻通繹山刻石功戰日作𢀜是攻字又詳秦左軍戈二单戰省啻敵省啇舊釋相非吾釋省詳鬲比鼎于舊釋刊非詳玐鼎乎即厥舊釋乃非詳𠭰父鼎孚俘省呂俘獲之戈鑄此鼎也

𠬪師父鼎

叔師父作尊

鼎其永寶用

右鼎銘十字与攈古同范

虢姜鼎

虢姜作
寶
鼎其萬
年寶
用

右鼎銘存昔十字積古攈古皆同范據積古所附宋人摹本弟二行止二字缺一尊字耳

年下缺永字

戊寅父丁鼎

戊寅王嘐父
○馬酬錫
貝用作父丁
尊彝亞受

右鼎銘十九字積古一同範攈古二之二異範戊寅記日也嘐阮釋月喪令𨑳吳釋審是口在𡩏上又从品䌛文會意然右旁有[illegible]乃父字吳未審出也父[illegible]乃作器者名酬阮釋酎云从三取三重酒之義吳本作䣯不从三井矦尊䣯祀乃是酬字王賚馬而酬㠯貝也

虢公子鼎

虢文公子段
作丼妃鼎其
萬年無疆子
孫〻永寶用享

右鼎銘二十字孫重文一攈古二之三同笵案春秋釋例八世族譜虢仲浚有虢文公在虢公

忌父之先叚虢公子名吳未釋攷說文叚或作叚寰盤不顯叚休呂叚為蝦即或體此从𠂤即𠂤之倒形从𠬪即𠬪有羨文者鑄範泐也

麥鼎

正月王在成周王徙于野棻令小臣麥先省野居王至于徙居無遣小臣麥錫鼎馬兩麥拜䭫首對揚王休用作季娟寶尊彝

左氏成十一年傳使諸侯撫封蘇忿生呂温為司寇此云撫遣義同

右鼎銘四十八字積古四攈古三之一季娟鼎也皆与此同笵野𡐨地名野舊釋楚非說文野古文作[illegible]即此[illegible]即說文蘩之古文作[illegible]者麦作器者名㡯即居古文皆如此 無讀撫

旅獮鼎

旅獮作朕老
寶尊鼎獮其
萬年永寶用朝
夕卿厥多朋友

右鼎銘二十二字見攈古二之三屮吴釋先非說文者字从朩解云朩古文旅字兮田盤毋敢不即師即𡴀且敢用乜高孝一用為軍旅字一用為祭旅字也此為旅姓獮名

詳旅虎簠玉篇犬部獞充山切噬也老用為考卿即饗詳征人鼎下詳勳父鼎

師器父鼎

師器父作尊
鼎用喜考于
宗室用旂賢
壽黃句吉康
師器父其萬
年子〻孫〻永寶用

右鼎銘三十又一字筠清四攈古二之三皆同范考讀考詳仲師父鼎旂即祈句耇省

中鼎

隹王令南宮伐反
虎方之手王令中
先省南國串行埶
王居在○○貞卌
中呼歸生對昜于王
埶于寶彝

右鼎銘四十字積古四攈古三之一皆同范彼皆題為南宮鼎余已收入古審今再釋之虎方西方也中作器者名省舊釋相非詳蒯比鼎或即國之古文串从丨穿重貝即貫說文無之惟患下古文从𠁥是串字也串行讀貫行謂聯續奉行見漢書谷永傳後漢書東平王蒼傳埶余舊釋楊非此字从丮木土會意即藝此省出阮逆宋人釋射非文義當是地名孜鄃尊有[illegible]亦是地名余釋虡又釋䕫五詳与此亦當然也貞上一字

不可識文意當是賞賜之義宋人釋圍非圍不从川也貞用為鼎朱單鼎銘曰自作貞

魯鼎銘曰作壽母賸貞說文所謂古文吕貞為鼎也卅篆作山乃合三十為之古文十作丨

此合三丨作山侶山見大鼎歸生人名昜字从鳥从三日陽盛之意小篆昜从勿乃是𠂢即烏

許云从一勿不詞之甚此二子字若依宋人釋刋則上一句文義不通矣詳玭鼎

伯晨鼎一

隹王八月辰在

丙午王命𢘫侯

白晨曰敬乃祖

考侯于𢘫錫女

鬱鬯一卣㒸裦衣
幽夫赤㫃駒韋
畫〇轉交虎幃
冟〇里幽攸勒
旅五旅卩三矢二旅
弓旅矢寅戈緱
胄用夙夜事勿
灋朕命䢅拜䭬

首敢對揚王休
用作朕文考道
公宮尊鼎子孫
其萬年永寶用

右鼎銘九十又九字筠清四同范与後一器異范已录入古文審今再訂之恆吳釋韓非說文恆从舟所引古文作亙解云古文恆从月本是从夕而云从月古文月夕通用詳仲殷父敲鼎有亙字亦从月可證也惟此从[illegible]与心異國名紀五康叔孫封楚衞之楚丘有恆思公世本云後有恆氏幽夫勳鈇也夫鈇者蒼頡篇鈇斧也列子說符注鈇鉞也古今注金斧黃鉞也鐵斧元

錢也三代通用之周礼牧人司農注幽黑也礼記玉藻幽衡注幽讀為黝盾余釋節非孜釋名釋兵盾遯也跪其後避刃㠯隱遯也又云㠯絡編板謂之木絡說文盾所㠯扞身蔽目象形此从人伏凵後凵象編板明是盾字且說文从𠂆即刀之反形从目即凵之豎形益信為盾明堂位注朱干赤大楯也即此銘赤盾矣輦詳𡍮伯鼎𩊚即幬文較省冟即卷詳吳彝里上衣字中作(太)必別是一字不得合衣里二形釋為裏(太)自一義里則裏省耳幽見上文攸㠯後一鼎校之知為攸乃鋚省詳無叀鼎勒名非鞹从𠩵見師酉敦周礼夏官五百人為旅此云旅五則二千五百人也卩即節左文八年傳注節國之符信也釋名釋兵節者號令賞罰之節也矢即棨說文棨傳信也漢書文帝紀注棨者刻木為合符韓延壽傳注棨有衣之戟通訓云猶令之令箭旅卩三矢二者言所錫五旅每一旅用節三用矢二㠯節制之旅㠯旅矢二旅字与上文旅字不同即盧弓盧矢也字亦作旅作黸㫃即寅从臼静彝丙寅作寅从臼此从反臼作𣎳也寅戈戟戈說文戟長槍也亦作鏔方言九凡戟無刃秦晉之閒謂之釨或

謂之鍑□余釋蜀非桼豦彝錫□□干戈阮氏釋衮冕干戈衮字不合當是神冕字亦非乃胄之象形字也冕制上施木板前後邃延其頂平覆不得銳出三枝惟胄為首鎧今之盔頭正是銳枝上出□从□从冂（冂即冒）从□（即首古文作□此省）皆合此作□省冂耳銘云繞胄繞字無攷止有繞字說文繞繫繞也一曰維也繫繞惡絮非所用當是絲綫縫綴之義詩貝胄朱綅〻亦綴也道从□□即首古文首字从止即辵非德字也（□說文甲作□此从丅為甲省甲者鍱衣故从衣是甲之會意字或曰□即□□衣省）

伯晨鼎二

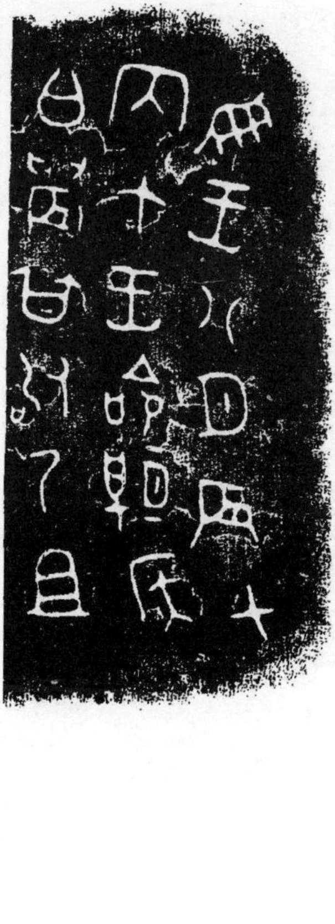

右鼎銘文同前攈古三之二与此同笵釋詳上又三之三第二盂鼎畫虢一貝古胄一吳缺釋實即貝冑也前觧未引補彔于此𤣥里當是玄裏二字

令鼎

王大耤農于諆田錫王
射有嗣眔師氏小子卿
射王歸自諆田王馭溓
中僕令眔奮先馬走王
曰令洎奮乃克至余
其舍女臣十家王至于
康宮○令拜䭬首曰小
○迺學令對揚王休

右鼎銘七十字筠清四大蒐鼎攈古三之一耤田鼎也皆與此同範余已采入古文審今再釋之耤余向釋訊攈古云耤上作人推耒形下从荅今逆之其實从[illegible]即[illegible]即丮吕古刻揚字从丮例之此爲措字原可讀耤也農从田詳矢人盤諆田地名錫說文鐌畫

食也重文作餳即此有从夕与月同詳仲殷文敢有嗣即有司眔詳毛公鼎二師氏小子𠷎官名見周禮馭詳噩侯鼎濂地名詳趠鼎僕从厂見兮田盤令奮皆人名即僕也先馬前驅也荀子正論諸侯持輪挾輿先馬漢書百官公卿表先馬注先馬前驅也先亦作洗越語其身親為夫差前馬韓非子句踐為吳王洗馬是也吱余釋吏耒碻攷夙字从夕丮此从攴意同𡖊夙字也夙通宿儀禮公食大夫注申戒為宿此云夙令拜䭬首曰者夙戒僕人名令者來前聆訓語也小〇迺學夙戒之詞也學字占兩格可知𩛥鼎隹各是雒字不當釋惟格矣

基臨鼎

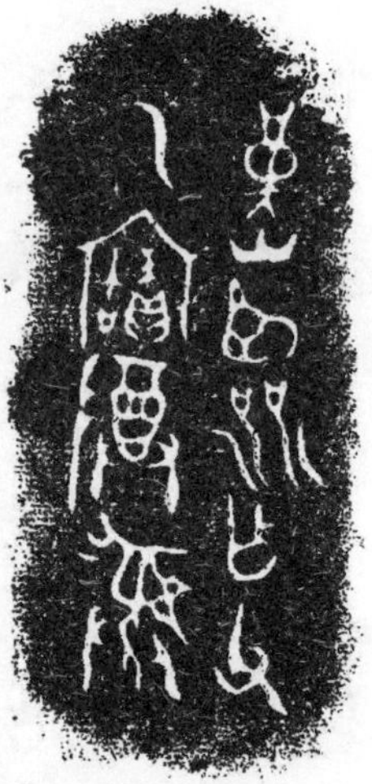

基臨作父

乙寶尊彝

釋同前

右鼎銘八字當是一器一蓋与馬一異范此後拓与積古一敔𣪕鼎同范

叔夜鼎

牀夜鑄其餴鼎
以征以行用鬻用鬻
用蘄眉壽無彊

右鼎銘二十字積古四攈之二皆同笵餴即餴詳陳曼簠鬻說文䰜部云鬻也重文作餰飦
鍵粲鬻下云鍵也鬻即餬字今俗以米屑蒸之今稠謂之餬父子即鬻也鬻羔即羹說文小篆作鬻

大鼎一

隹十又五年三月既霸丁
亥王在歸屃宮大呂乎友守
王卿醴王呼善大馭召
大呂乎友入攼王召走馬雁
令取鰢䮝卅匹錫大=拜䭘

首對揚王天子不顯休用作
朕剌考己伯盂鼎大其
子〻孫〻萬年永寶用

右鼎銘七十又八字大子孫重文各一筠清同范余已录入古文審今再訂之歸通饋見儀礼聘礼注史記周本紀集解論語先進陽貨微子釋文此从米从皿与饋同意又从帚合歸字為之也㞔从𠂆乃辰字見伯晨鼎豆閉敨彔伯戎敨矢人盤又从𠃌乃尸字說文㞔伏皃一曰屋宇即宸或云歸㞔即歸脤說文祳社肉盛之㠯蜃故謂之祳天子所㠯親遺同姓从示辰聲春秋傳曰石尚來歸祳宮名歸㞔義當取此所从之𠃌乃尸省不得㠯說文有祳無脤為疑也大人名即作器者㠯与也卿同饗詳綌人鼎善大亦人名敔詳齍矦鼎攼即扞走馬趣馬也雁此拓不可識㠯後一拓校知之念人名也𩣡即騂詳樂石文述石鼓文騝無考此二字乃馬名逸書云馬之剛矣轡之柔矣騝或取義於剛乎剌即烈凡香烈酷烈後人用辣古止用烈故剌即辣即烈也詳無叀鼎

大鼎二

隹十又五年三月既霸丁亥,王才(在)𨚜𥎦(侲)宮,大㠯(以)氒(厥)友守,王鄉(饗)醴,王乎(呼)善(膳)夫騄召大,㠯(以)氒(厥)友入攼,王召走馬雁,令取騄𩇠卅匹易(賜)大,大拜𩒨首,對揚王天子不(丕)顯休,用乍(作)朕剌(烈)考己白(伯)盂鼎,大其子子孫孫萬年永寶用。

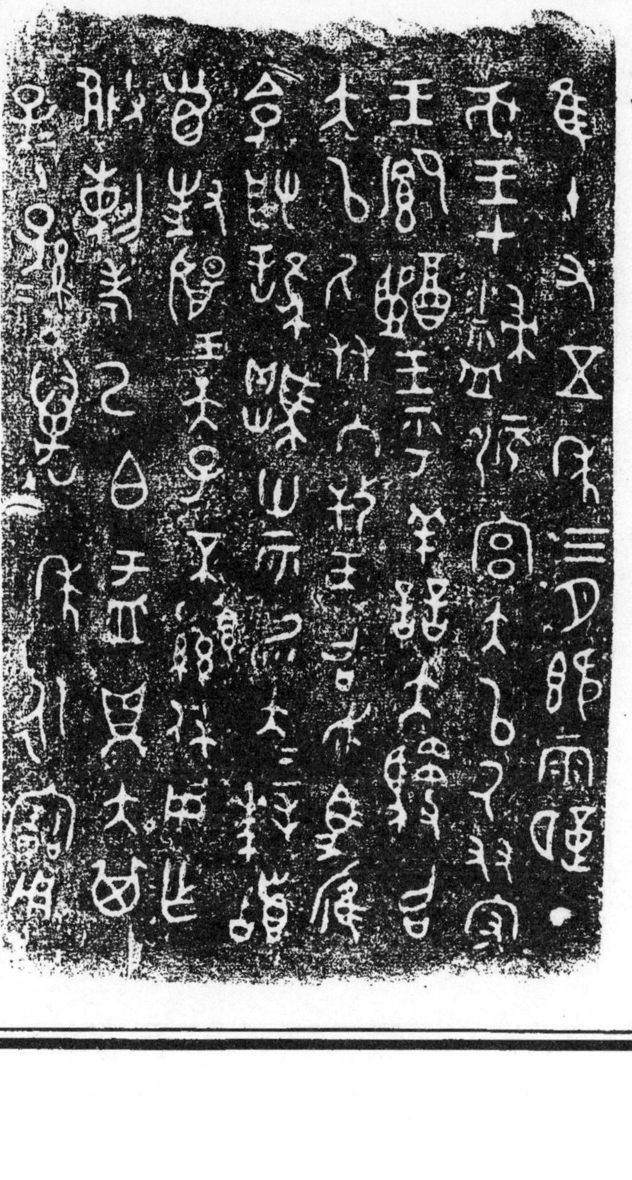

大鼎三

右鼎銘兩拓与第一鼎文同笵異釋詳上此前銘与攈古三之一同笵

[广金]父鼎一

[广金]父作連寶鼎

延令命曰有女多

兄毋毋又達女隹

女卒我友吕事

右鼎銘二十四字積古四同笵阮云鈐即庈引左隱二年費庈父為證案金今通金从今聲古泉布陰作陰是也連人名延命進而命之也有讀侑多兄諸兄延命之詞鈐父勖連事兄也

鈐父鼎二

釋同上

右鼎銘与前器文同範異釋詳上文此二銘与攈古二之三同範連字阮吕爲輂即瑚槤字是也前銘从𠬞即古刻輂字車舁所从之廾可證惟此爲人名阮謂鼎作輂形非也

史頌鼎

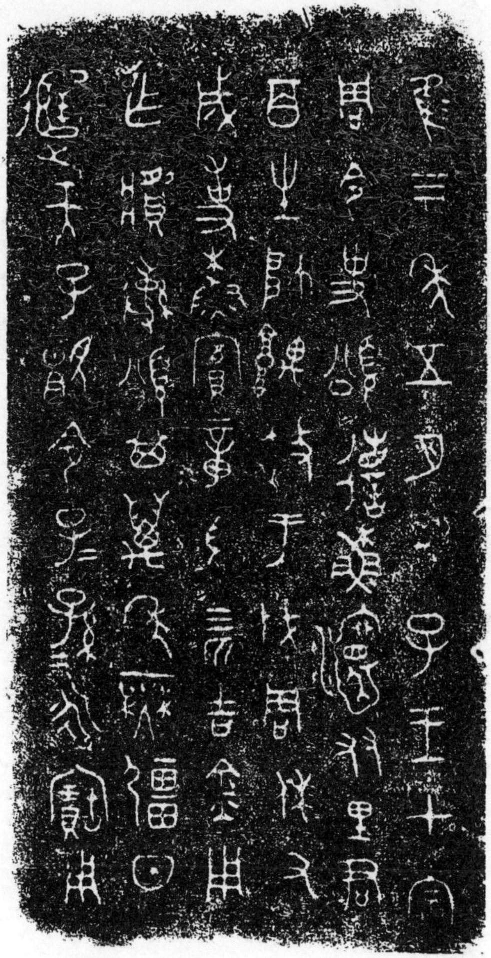

隹三手五月丁子王在宗
周令史頌償穌灋友里君
百生帥隡盩于成周休又
成事穌賓龍馬三匹吉金用
作𩰫鼎彝頌其萬手無彊日
遅天子覭命子=孫=永寶用

右鼎銘六十一字子孫重文各一与攈古三之一同范別有敔文已詳骂皿不具彔償从亻从賣乃合讀字為之亻辵同意辵原从亻也友當讀右此云右里君蓋古國名之失孜者骂六𣪘盨銘云右里𣪘亦孫證也余前目為羑里元和姓纂四十四有云羑里殷秋官子孫因氏紂囚文王於羑里是也餘詳古文審史頌敔遺龍龕手鑑音獨遺也

仲偁父鼎

惟王五月初
吉丁亥微伯邊
及仲偁父伐
南淮𡰥孚
金用作寶
鼎其萬年
子=孫=永寶
用

右鼎銘三十三字子孫重文各一積古四攈古二之三皆同箸余已收入古文審今再彔淮𡰥事
蹟詩書而外散見於鼎敦簠盤文者不一而足周之𡰥患亦屢矣

曶鼎

隹王元年六月旣望乙亥王在周穆王大○○
若曰曶令女更乃祖考嗣卜事錫女赤環○○
用事王在○居井叔錫曶赤金○曶受休○○

王曶用絲金作朕文考弈伯鬻牛鼎曶其〇〇
用祀子孫其永寶

隹王四月既生霸辰在丁酉井弔在異爲○○
吏乎小子允散呂限訟于井弔我既賣女五○○

父用匹馬束絲限詒曰所則俾我償馬效○○
俾澓束絲○所效父廼詒散匃于王參門○○
木楊用償徙賣茲五夫用百爰非出五夫○○
誓廼所又誓眔○金井芾曰在王人廼賣○○
不逆付曶毋俾成=于所曶則拜䭫首受茲五○
曰○曰恆曰龏曰○曰省吏爰呂告所廼俾○
呂曶酒及羊茲三爰用到茲人曶廼委于所○
○○舍允散大五秉曰十尚俾處○氒邑○
田所則俾○澓命曰諾

昔饉歲匡眾氒臣廿夫寇曶禾十秭吕匡
季告東宮廼曰乿及氒及弗得女匡罰大匡○
廼䭫首于曶用五田用眾一夫曰嗌用臣曰○○
朏曰奠曰用兹四夫䭫首曰余無卣具寇正
不○○余曶或吕匡季告東宮曶曰必唯朕
償東宮廼曰償曶禾十秭遺十秭為廿秭
来歲弗償則○卌秭廼或即曶用田二又臣
○用即曶田千曰氒五夫曶受匡卌秭

右鼎銘三段已詳马二此拓係原本曰录之

父辛敨

作父辛寶敨

右敨銘五字積古六同笵

叔桌父敦

弔桌父作寶敨
子=孫=其萬年用

右敨銘十二字子孫重文各一攈古二之二同笵

賁敨

○○祖辛寶
敨其萬年孫〻
子〻永寶用賁

右敨銘十五字蝕一字孫子重文各一積古六攈古二之二祖辛敨也皆同笵賁詳賁卣

𤔲侯敨

鼉侯作王姞賸敦王
姞其萬年子〻孫永寶

右敦銘十六字子重文一攈古二之二同笵吳釋鼉爲器不知器从犬作𤝔不作犬何得以隸書形侶說古文乎詳鼉侯鼎賸即媵詳陳侯鼎筍清三亦同笵首一字釋鄂

仲駒父敦一

彔匋仲駒
父作仲姜
敦子〻孫〻永
寶用亯孝

右敦銘十六字子孫重文各一積古六同范阮云彔旁邑名

仲駒父敦二

釋同前

右敦銘十六字子孫重文各一積古六亦同范此銘左行讀

虢姜敦

隹王四年虢姜作寶敦其永用亯

右敦銘十三字攈古二之一同笵

疐敦

隹十月初吉
甲戌疐作朕
文考胥伯尊
敦疐其萬年
子子孫孫永寶用

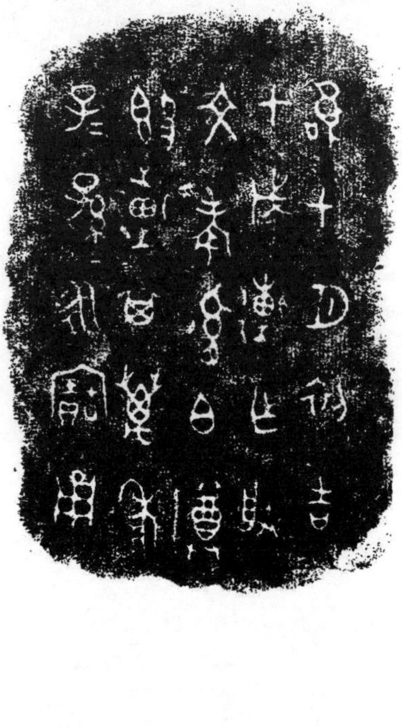

右敦銘二十五字子孫重文各一積古六攈古二之三皆同笵疐从行詳漢龍節

遣小子敦

遣小子韎吕
其友作𩞁男
王姬鼎彝

説文衛从韋即此郼
衛蓋从郼聲也

右敢銘十四字積古六攈古二之二皆同範遣氏𣪘名吳氏引許印林云遣氏有鼎銘曰遣㸚作鼎姓鷐十七觳有譴姓其即遣乎小子官名詳師𦍒鼎作下一字从㲋古刻熊㲋二字从之說文作㲋丑略切此又从五从酉說文作[illegible]阮氏釋招非筠清二父癸角王錫奚貝在[illegible]文義乃是地名此是人名攈古引許印林說[illegible]為量名蓋誤讀十在為十也

仲殷父敢

器

文

中殷父鑄
敢用朝夕亯
考宗室其
子子孫永寶用

蓋文

釋同前

右𣪘銘十八字子重文一器蓋同積古六攈古二之二第一器同范又有一𣪘文同范異詳弓三

遣𣪘

器文

遣浩王伐梁
孚用作餴𣪘

盠文釋同

右敦銘十字嚣盠同積古六攈古二之一皆同笵貞下从止即㞢省乃逌字見兂叀鼎

㕧敦

㕧作寶敦
其萬年子=
孫=永用

右敨銘十一字子孫重文各一積古六擵古二之一皆同范蓋文吪人名阮釋司此迖吳釋案古刻既字从旡从旡与此同此又从口篇海吪音自許印林吕為嘅省

德基敨

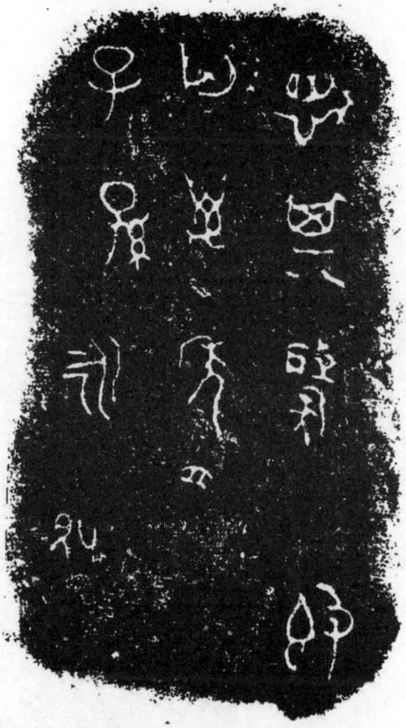

德其肈○敨
其萬年○○
子孫永寶○

右敨銘存十一字積古六擵古二之二第二器皆同范別有盤銘文未蝕詳弓八

豐兮卩敨

豐兮卩作朕
皇考尊敨卩
其萬年子孫〻
永寶用亯考

右敨銘二十字子孫重文各一積古六器文同笵乃三已录其一葢文今又得器文時地既遷忽合作合物之數也

伯豦虘敨

伯豦虘肇作
皇考烈公尊
敨用亯用孝萬
年眉壽畯在
位子子孫孫永寶

右敨銘二十六字子孫重文各一積古六攈古二之三皆同笵盧阮讀祖剌即烈詳大鼎

晼詳須鼎

寺季敨

寺季故公

作寶敨子=

孫=永寶用亯

右敨銘十三字子孫重文各一積古六攈古二之二皆同笵阮云寺郝之省郝為魯所取郝

季始亾國寓公故曰故公也左襄十三年

兮仲敦

蓋文

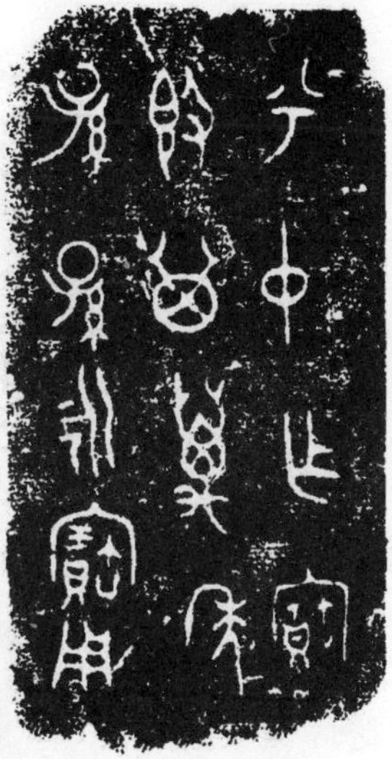

器文

兮仲作寶
敦其萬年
孫孫永寶用

釋同前

右敦銘十三字蓋文子孫重文各一積古六同范與此三異范孫孫為子孫之譌當以蓋文為正

仲𠭯父𣪕

仲𠭯父作朕皇考
徲伯王母徲姬尊
𣪕其萬年子=孫=
永寶用亯于宗室

師田父敦

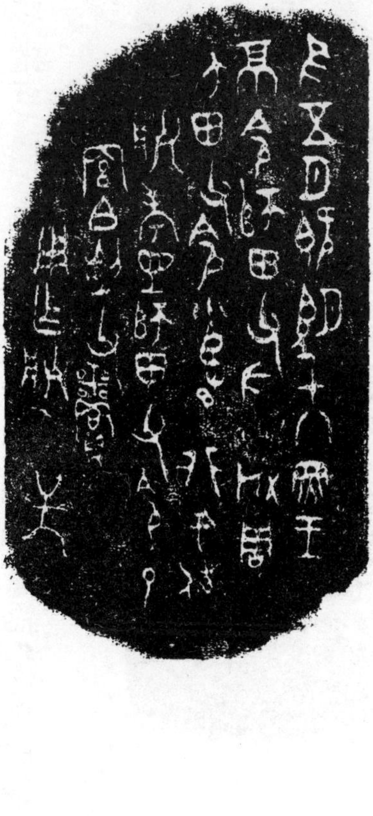

隹五月既朢甲〇〇王
京令師田父〇成周
師田父令小臣〇〇〇傳

右敦銘二十七字子孫重文各一積古六攈古二之三皆同笵徲詳鬲比鼎

○朕考○師田父令○
○○伯㪤父賫○○
○○○用作朕○○○

右敦銘可識者三十四字積古六攈古三之一皆同范賫商賁字說文商籀文作𧶠即从品者

守敦

釋詳马四

若敦銘四十二字夷子孫重文各一令下蝕一字与马四異笵与筠清三同笵彼題爲使夷敦鑄下一字殘據马四乃弘字也

宄敦

隹十又二月初吉王在周昧
爽王格于大廟井叔有宂即
令王受作冊尹者畀冊令
宂曰令女世周師嗣歔鍚
女赤環芾用事宂對揚王休
用作尊敢宂其萬年永寶用

右敢銘六十四字筠清三攈古三之一皆同范積古無別有宂彝宂簠宂盉文各不同爽从喪从日字書所無然非昧爽為文必難言矣井俗多讀邢孜廣韻井子牙後路史後紀炎帝後有井氏穆天子傳有井利左傳有井伯此銘有井叔何得皆是邢有讀佑受讀授三今字皆讀命者讀諸尹諸人名畀讀俾世吳子苾讀足荷屋讀疋雅皆未合伯嗣敢世子孫〻寶用之世作乡世从十填實書之作|空白書之作|从夂足此正書涉於足字實非足也詳馬四師遽敢釁詳兮仲鐘環詳曶鼎

𨨏叔敦

唯王五月辰在丙
戌𨨏𣪘作豐姞憝
旅敦豐姞憝用宿
夜亯考于𣪘公于𨨏叔
朋友兹敦猒皀亦壽
人子孫其永寶用

右敦銘四十五字積古六攈古三之一豐姞敦皆同笵已入古文審今得拓本錄於此𨨏从二至說文絰訓到是即至字此文从宀明是室字憝从惪說文惪小怒𢾊从此乃籀文宿通夙所从之佰即古文夙見說文考讀孝詳仲師父鼎𣪘無攷阮釋設非朋詳師𧌒鼎猒阮釋旣當

從吳侃叔釋猒从皀从肉从古文旨於猒義為切猒皀即饜饗壽人者頌祝之詞

追敦

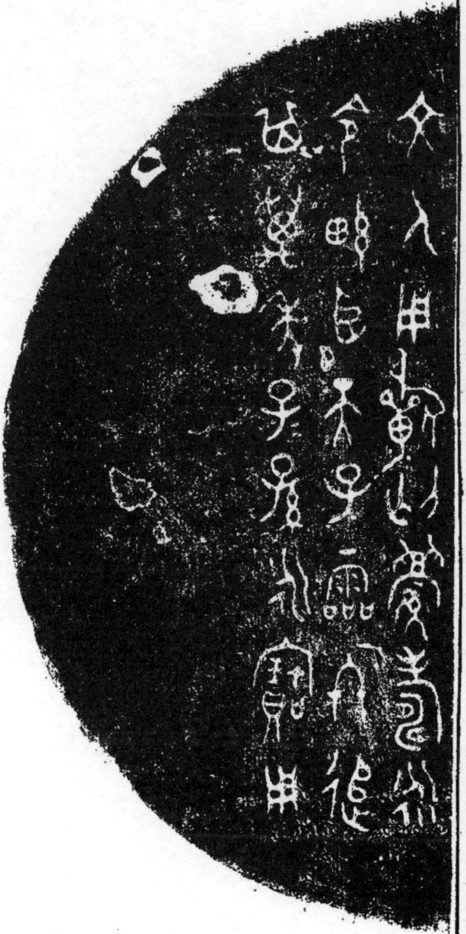

釋詳弓四

右𣪕銘五十八字子重文一与弓四異笵

邍父敦

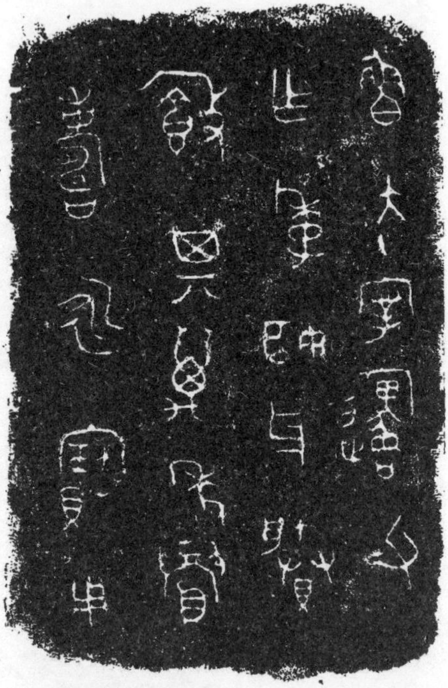

魯大宰邍父
作季姬牙賸
敦其萬年賢
壽永寶用

右敦銘十九字筠清三攈古二之二皆同笵宰筠清釋僕非牙季姬字也賸同媵

畢段敦

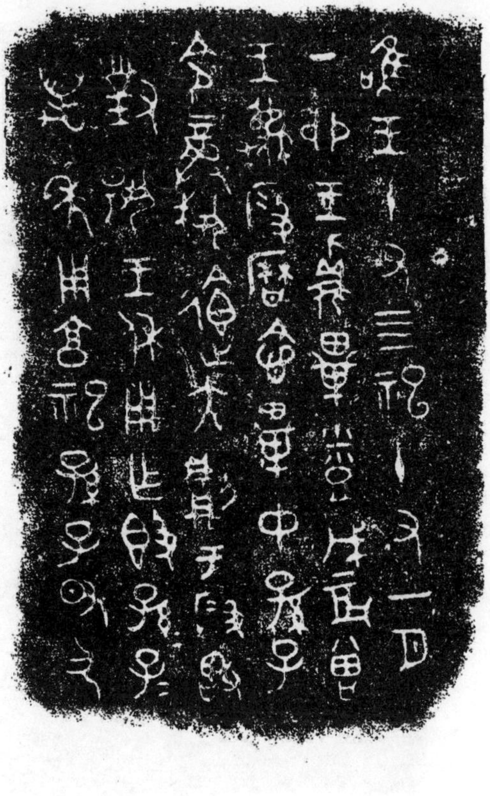

釋詳弓.四

右敦銘五十五字子孫重文各一与弓四異范与筠清三畢仲孫子敦同范

師遽敦

釋詳马四

右敦銘五十七字与马四異范与積古六同范旄字止存㫃阮釋於未見前銘也

史頌𣪘

右𣪘銘八十一字子孫重文各一筠清三史頌𣪘攈古三之一第一史頌𣪘皆同范釋已詳焉

甬生𣪘一

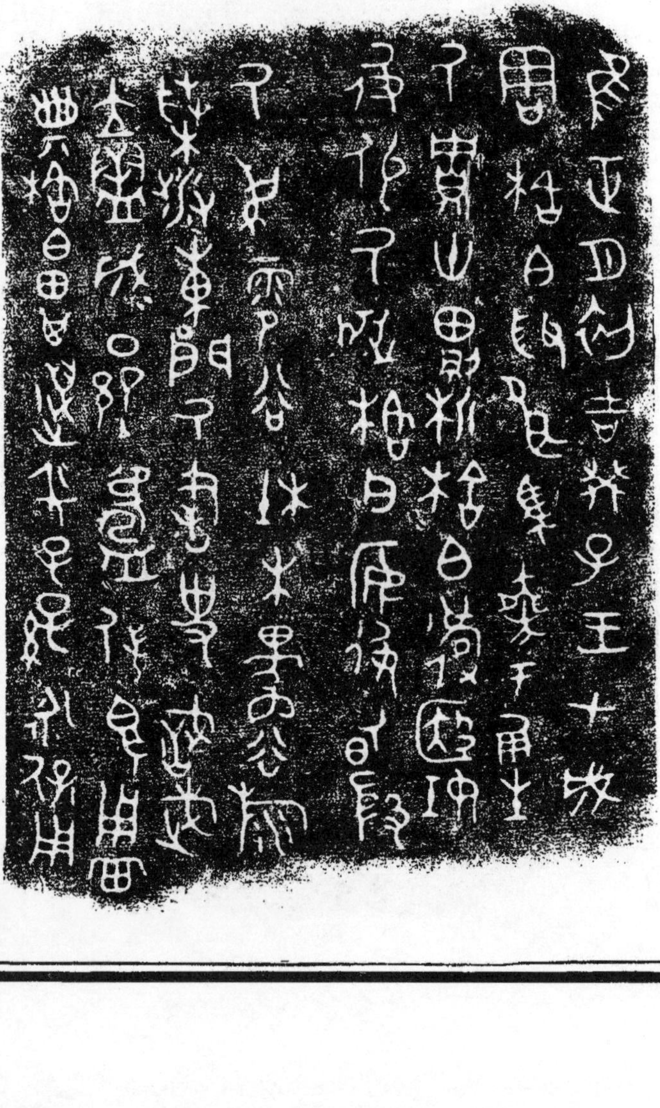

隹正月初吉癸子王在成
周格伯叚𠋫馬乘于角生
乇責卅田則析格伯○𣪘妊
彶○乇遂格伯安彶甸殷
乇絕零谷杜木𨗈谷游
菜涉東門乇書史戠武
立盨成𡍮鑄保𣪘用○
典格伯田其萬年子孫永保用

右𣪘銘八十字与積古七格伯簋攈古三之一格伯𣪘第二器皆同笵阮氏誤㠯鑄為簋𣪘為饗故題名異槃筠清三載此𣪘一器攈古三之一載五器皆㠯格伯標名而文意卻是格伯借角生馬乘角生分格伯之田㠯為償則鑄𣪘者角生也今改題為角生𣪘篆迹不明者校各器而釋之癸

子癸亥甲子也詳辛子敔段即假借也或釋受非肻或釋服非[illegible]敔肻伯作[illegible]即此肻者續也格伯借債聯續非一次[illegible]殷妊級代皆田名甸它器皆从田是也責即債詳頌鼎言格伯負債至卅田之多甬生分其五田格伯遂之正自安其級甸餘皆償甬生也遂它器作從析下格字阮釋梠它器仍是格字此乃鑄範泐也殷正也見堯典傳絕阮釋系二吳釋斷皆非說文絕从糸从刀卩聲此省卩耳絕者斷絕之處言正其田界零谷杜木遼谷游菜四地名游本从㫃汓聲（汓即泅）此从水省子猶石鼓文作斿从子省水也書史記事之吏戠識省記也武者步武周語不過步武尺寸之閒注半步為武何承天纂要三尺曰武此言記田之丈尺𥁰阮釋盂二吳釋釁皆非說文臿从臼从干歃从欠臿聲歃者飲血也古者歃血為盟此从歃省血省會意乃盟字也成盟地名說文鄉从𨛜从皀此从𨛜从土當是鄉字鑄它器作[illegible]作[illegible]明是从[illegible]阮誤為𥂕敔呂它器知之阮亦誤為皀典主也格伯呂田償甬生之債故甬生主格伯田也[illegible]字它器皆在銘末与周夢壺同例此乃因銘末無地補書前行之下非校它器亦難言矣二保字通寶（甬釋朋非）

甬生𣪕二

釋同肯器

右𣪘銘八十字筠清三格伯𣪘蓋文攈古三之一格伯𣪘第一器蓋文皆与此同范前銘已釋之矣

又仲殷文𣪘

釋見前

右潘文勤師器濮辰農贈夲銘十八字子孫重文皆得夲稍遲補之卷末壬寅十一月二十日

奇觚室吉金文述卷十七

補尊彝簠簋匜鍴文

嘉魚劉心源幼丹甫學

亞尊

亞弓

右尊銘二字積古五異範攈古一之一同范阮云銘作亞形文為弓古者射必有飲而亞則有廟室之義意此為射宮飲器與

父己尊

父己

右尊銘二字攈古一之一同笵積古一異笵

祖乙尊

己且乙

右尊銘三字積古一同笵攈古一之二異笵己者紀器之數或是紀日

朕尊

朕作父
癸尊彝

右尊銘六字據古一之三同范朕人名

吳尊

亞中 尊吳父丁

右尊銘五字積古一據古一之三同范尊字就亞字上畫為之吳詳吳卣阮吳釋皆誤

魚尊

魚作父己
寶尊彝

右尊銘六字潘師善辰農贈本

父丁尊

〇父丁

右尊銘三字積古一攈古一之二皆同範攈古又有鼎文亦如此作阮云明堂位着殷尊也注云着地無足此尊底無足是着尊也心源案此銘首一字象尊無足形

父戊尊

蓋文

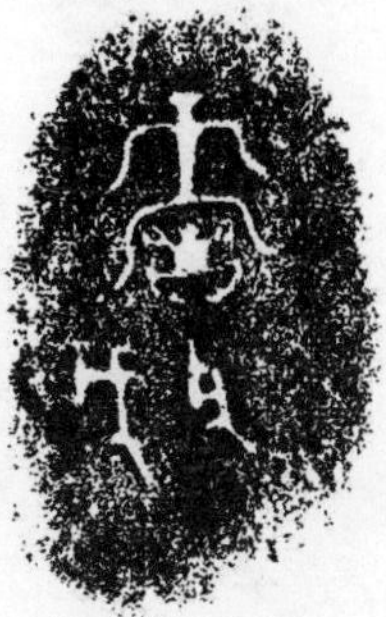

子孫父戊

器文釋同

右尊銘器蓋各四字積古一攈古一之二皆同範

隮尊

隮作寶
尊彝

右尊銘五字積古一摭古一之三皆同範隮人名阮云同齋山形故从阜

夌尊

夌作乍
文考尊

右尊銘六字積古五攈古一之三皆同笵夌人名說文作夌

哭尊

哭從王汝南○
○○用作公日
辛寶彝旅輦

右尊銘十七字攈古二之二同笵與五異笵釋具於彼

酎尊

亞中
卑
尊

酎作父
乙尊彝

右尊銘九字攈古二之一同范酎人名說文酎三重醖酒也此从酉从三會意酎字也又見積古一

虢叔尊

虢叔作叔
殷穀尊朕

右尊銘八字積古五同笵朕即滕文義當在作字下彝尊字上此奪落而補於銘末者

王田尊

器文

王旨諧攸田鼂豩豕二

作父丁尊皀

蓋文釋同

右尊銘十三字積古一攈古二之二王主父丁尊皆同笵弜五異笵釋具於彼

伯山父尊

伯山父作

尊鬲厲

手寳用

右尊銘十字攈古之一同范亯讀鬲厲讀萬同形叚用也

諸女尊

者女乍

尊彝

右尊銘五字積古五據古一之三皆同范者諸省地名見春秋莊二十九年乍上奪作字

𧻚尊

𧻚作寶尊彝

右尊銘五字積古五據古一之三皆同范𧻚人名詳漢龍節又有卣銘別詳

孰尊

○○○𢓜于宮

商○易四書二孰

用作父尊彝

右尊銘存十四字積古一列宮尊同范呂古鑑尹𢓜卣校之知阮釋多譌于詳玐鼎商同賞孰詳甗鼎

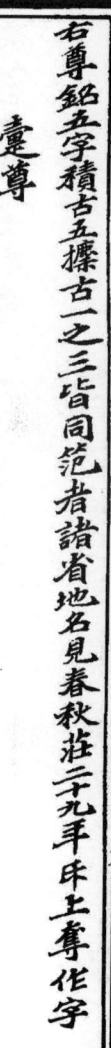

倉尊

唯東朙惠子
倉自作寶
彝其萬年子
孫永寶用亯

右尊銘十九字積古五攈古二之二東朙尊皆同笵倉舊釋金案説文倉下奇字作仺即此也此爲人名東惠省禾年省

夊尊

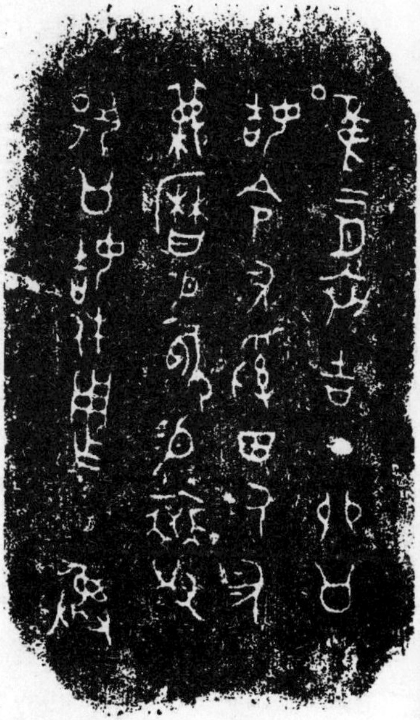

隹二月初吉丁卯公
姞令叉嗣田氒厥叉
蔑曆錫馬錫裘對
揚公姞休用作○彝

右尊銘三十字積古五尊邑攈古二之三皆同范焉六叉卣已釋之矣

叙尊

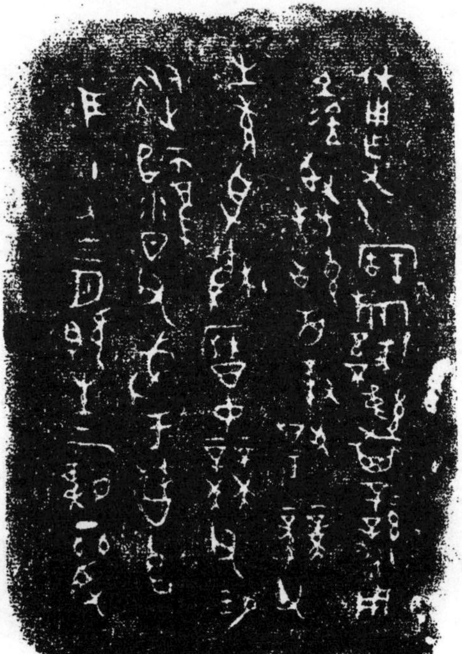

之手叙蔑曆仲業父錫
全金叙拜䭬首對揚業父
休用作父乙寶旅〇彝其子〻孫〻永用

從師雝父戍于晋㠯
隹十又三月既生霸丁卯𣪘

右尊銘五十二字子孫重文各一左行讀之積古五敔尊據古三之一受尊也皆同範𣪘从舟从又當是般省雝詳盉鼎㠯即堆𢦏曆詳彔敨

嘉禮尊

帝肇𢔶
嘉禮作壺
尊用薦神保
是舀隹休
于永世

右尊銘十九字積古五同笵阮云當是戰國時秦所作之器是也

旅彝

作旅彝

右彝銘三字積古五攈古一之二皆同笵

生彝

作旅彝生

右彝銘四字積古五攈古一之二旅彝皆同笵生作器者名

器文

父癸彝

手持觿 父癸

説文觿佩角鋭耑可㠯解結內則注觿貌如錐此子事父母所用

蓋文釋同

右彝銘三字攈古一之二同笵阮書有尊釋手持勺案ᒪ不象勺此如錐乃觿形下有孔可佩

伯彝

伯作彝

右彝銘三字積古五攈古一之二皆異笵

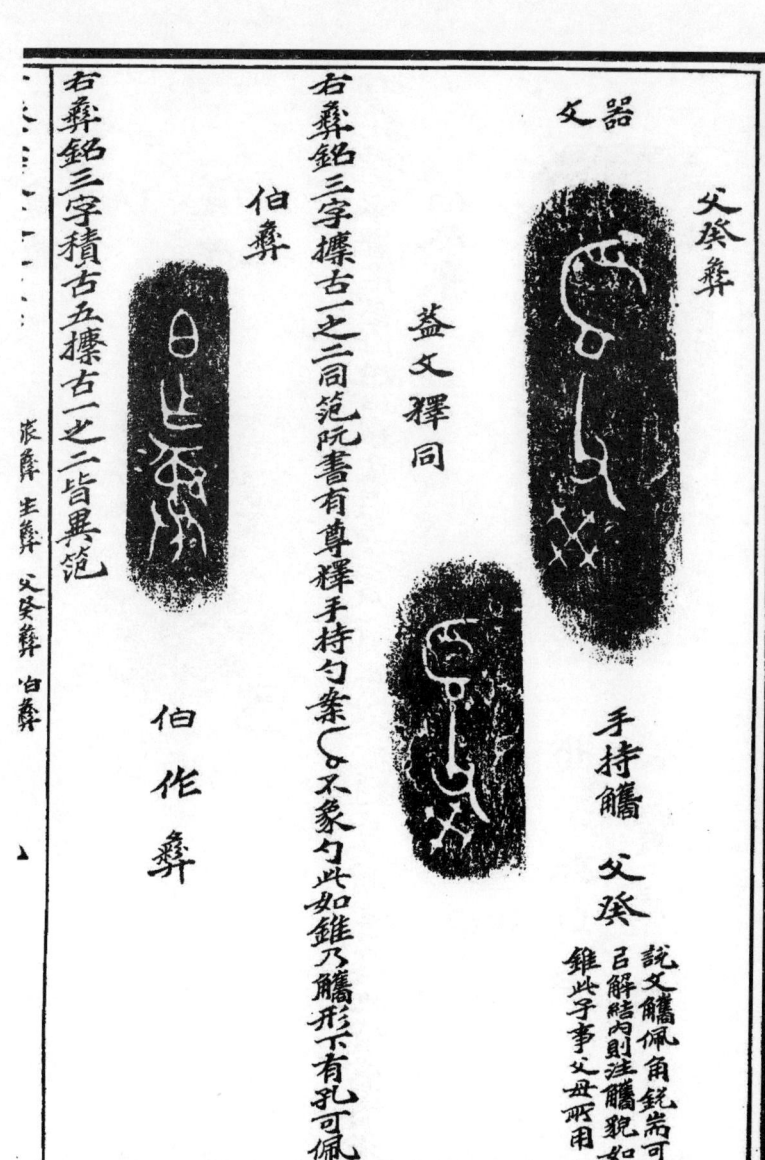

亯彝

亯作尊

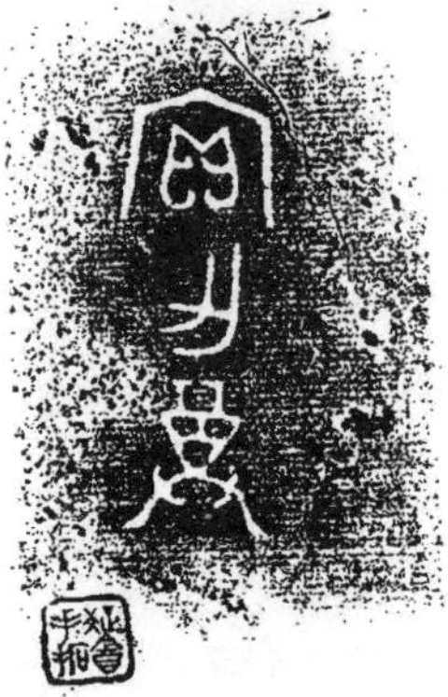

右彝銘三字署建昌府趙伯藏于密器壬寅二月出巡至被趙呂此贈寶彝也亯當寶省

伯癸彝

兆子孫〇伯

癸寶尊彝

右彝銘九字積古一攈古二之一雕伯癸彝同笵雕字不合當是𢍏

冉婦彝

○冉

婦

右彝銘三字積古五攈古一之二婦𡚸彝皆同笵婦下一字从彳从火从女未詳冉舊釋𡚸此字誤于宋人至今遂不可改吾于古文審公史彝詳言之然猶目為爯省今案爯下體作冓冓冓冓冓竝古刻冓小篆並非冉形冉篆作冄古刻小篆相同吾目爯字孜之碻信冄為冉小篆爯从冄說文目為从冓省冓从冉非爯所从許誤也戎都鼎偁作偁用匃偁魯祉嘉礼尊爯作爯帝肇爯嘉礼仲偁父鼎作偁是从冄从冄与从冄一也冄為冉何疑乎凡冄冄冄亦冉也

賓彝　伯癸彝　冉婦彝

鐘王彝

鐘王

作旅

右彝銘四字積古五攈古一之二㚇王彝同范鐘字可辨非㚇鐘通鐘姓也王去聲人名

矢伯隻彝

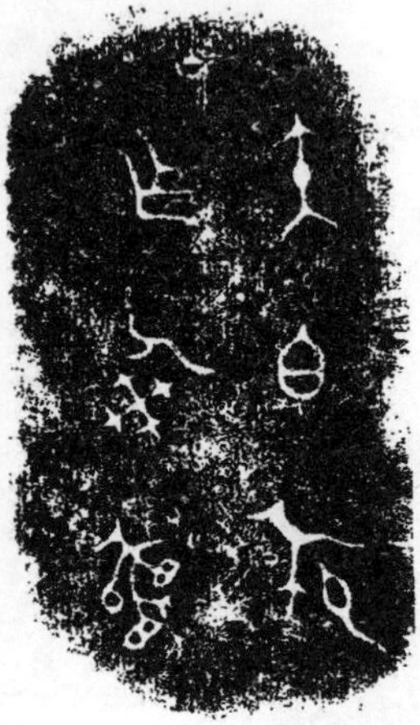

矢伯隻

作父癸彝

右彝銘七字積古五伯爵彝同笵弜六伯𩃗卣當是一人所作

仲明父彝

仲明父作
尊彝

右彝銘六字積古五同笵攈古一之三異笵

遽伯睘彝

遽伯睘作寶
尊彝用貝十朋又三朋

右彝銘十四字積古五同范攈古二之二異范遷攈古作彝

集咎彝

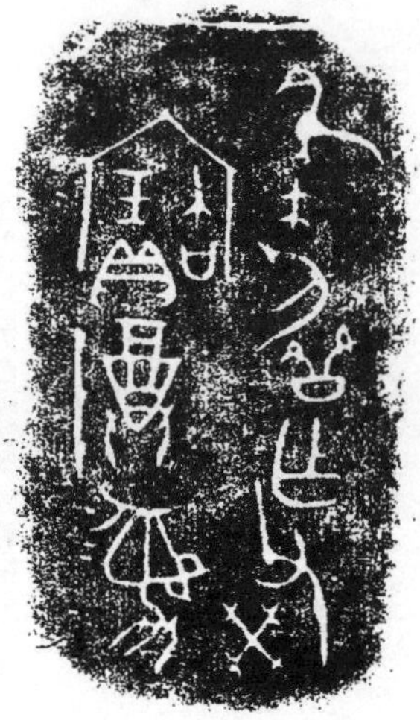

右彝銘八字筠清五攈古二之一皆異范集咎人名咎讀皋陶之皋

中義彝

中義〇自作食䵼

右彝銘七字積古五攈古之一皆同笵𢉡詳居彝𣅀各或釋君

王令父彝

王令父夕
作尊彝孫孫
子子其永寶

右彝銘十二字孫子重文各一積古五攈古之二王伯彝皆同笵今釋伯非夕者夕奠所用

庚姬彝

庚姬作䵼女
寶尊彝兆子孫

右彝銘十一字積古五攈古二之一皆同笵彙詳增鼎

田彝

田作父已

寶尊彝器足形迹

右彝銘九字積古五攈古二之一皆異笵

嗣土嗣彝

乍丂寶尊彝

嗣土嗣作

右彝銘九字積古五攈古二之一皆異笵文當左行讀之司土官名見曲禮丂考省

向彝

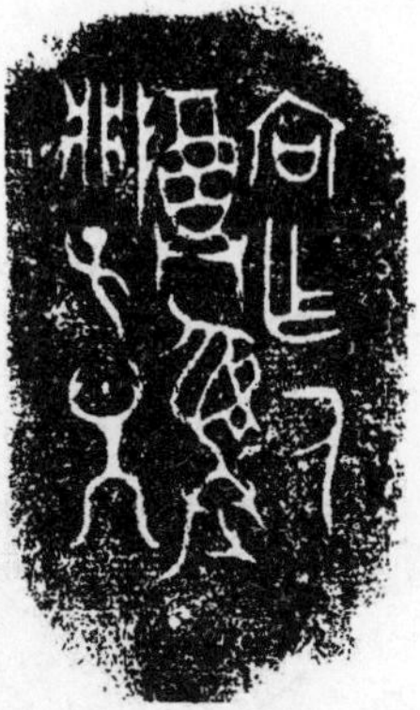

向作乒
尊彝
木析子孫

右彝銘八字積古五攈古二之一皆同笵向人名

敥父彝

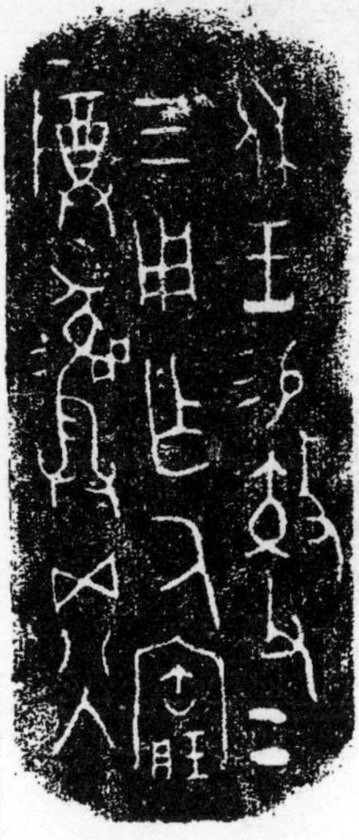

休王錫敥父貝
三用作乒寶
尊彝五八〇

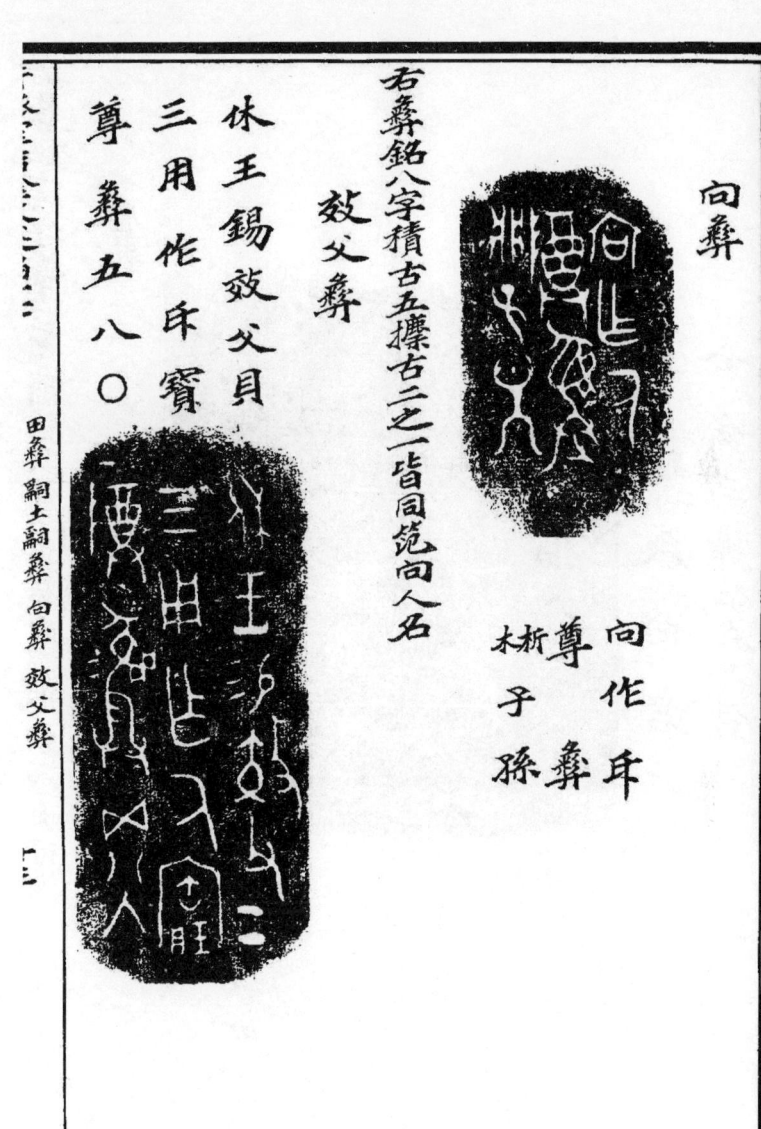

右彝銘十六字攈古二之二同范貝作二注彖連編形末一字不可識

居彝

居道戲曰君

舍余三鏞戠在寽負

余一斧在錫負余一

斧奈負余一斧

赶舍余一斧余

鑄此縻郳

右彝銘三十七字筠清五同笵攈古二之三獻彝異笵居作器者名獻𢦏奈赶皆人名孚錫郳皆地名道从𣵀即𩠐古文首字从走与辵同意詛楚文康回無𨗨是也此銘道字語也謂也舍說文从亼屮象屋此从余案古刻余字有作余者又有省作仐者舍盖从余从口古音本魚虞部中字觀此从余知許氏未得其原舍捨也即賖字鏞即鑪說文鑪籀文作𧆸可證𢦏在孚三字合文荷屋釋戟攈古篆作䵺釋城此从才从曰从戈師虎敦載先王作𢦏即𢦏詳石鼓文負从友人舊釋貟非錫詳令鼎赶从手非从羊當是迂縻許印林云盤之同音別體自積古中義彝釋彝遂不可改案鞶纓一作樊一作縏曲礼釋文許說是已

三家彝

○○曰追叔休于

小臣貝三朋臣三家對氒

休用作父丁尊彝

右彝銘二十四字積古五同范攈古二之三追𡚸彝異范首一字左翦爲昜〻下吳書作[illegible]

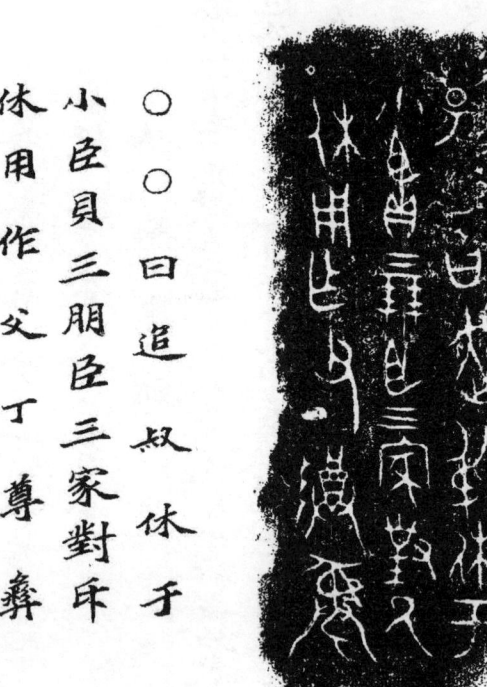

飲彝

十月丁亥乙自
作飲繁其賢壽
無期永保用之

右彝銘十八字筠清五十月彝攈古二之二皆同范繁詳居彝乙疑是殘缺之文非乙字

宄彝

佳六月初吉王在鄭丁亥
王格大室井叔右宄王○
宄箙令史懋錫宄載屯同
黃作嗣工對揚王休用作
尊彝宄其萬年永寶用

右彝銘四十九字積古五攈古三之一皆同範初誤山回偏旁彐与𠤎相交遂成山形奠鄭
省从書紀年穆王已下都于西鄭各格省井叔詳宄敔曹即箙曹二字省并者說文冊古文
作箙曰部曹者也从曰从冊是也載詳趩尊屯即純即緣篆形作女者孜彈簋純緞作屯
此省而涉於女也同絅省黃即衡並詳趩尊

吴彝

右彝銘百又一字積古五同范另五異范釋具於彼此卣上無一字朱上非勒字

靜彝一

隹四月初吉丙寅王才在
蒡京王錫靜刀靜拜
䭫首敢對揚王休用作
宗彝其子孫二永寶用

右彝銘三十四字子孫重文各一積古五彝繼攈古三之一皆異笵蒡京地名静人名阮承宋人之譌釋繼非也刀阮闕吳釋弓非

静彝二

隹十又三月王
○蒡京小臣静
即事王錫貝五十朋
揚天子休用作
父寶尊彝

右彝銘三十字積古五攈古二之三皆同笵同阮吳皆釋宅案从又當是客之即格師遽敢王客新宮是也或曰宿从佰ㄣ爲古文夙此从刀乃㒨夙省是宿字矣静見前一器

縣妃彝

隹十又二月既望辰在壬午伯屖
父休于縣妃曰虘乃佐縣伯
室錫女○十○玔○○周玉
黃○縣妃女勿伯屖父休曰
休伯見㠭立卹縣伯室女君我
隹錫壽我不能禾眔縣伯
萬年保肆敢陣于彝曰
其自今日孫孫子子毋敢望伯休

右彝銘八十八字孫子重文各一積古五同笵攈古三之一異笵余已收入古文審今得原拓本汞之休者嘉也阮吕縣為緗非說文縣从系持県県為倒首即梟斬字古文縣从首系木形義為備小篆省木故世無識此榗者然少室石闕銘縣字作縣猶存木形即此也邾弓鎛

其𦉢二百鄦子鐘中𦉢且揚部𨟭鐘大鐘既𦉢皆縣字此為姓氏元和姓纂引風俗通云縣成父孔子門人見史記心源案礼檀弓有縣賁父縣子瑣又云縣氏之廟是也叡即祖左即佐周玉瑚玉也通疋周為古瑚女勿讀毋忽𤤷即珏即屨展不即丕禾和省肆阮云筆字筆述也望用為忘豪彝虞弗敢望公休文忞与此同弟四行屖字从亻乃彳省故犀徲亦可讀遟詳鬲比鼎眔詳毛公鼎二

吉父簠

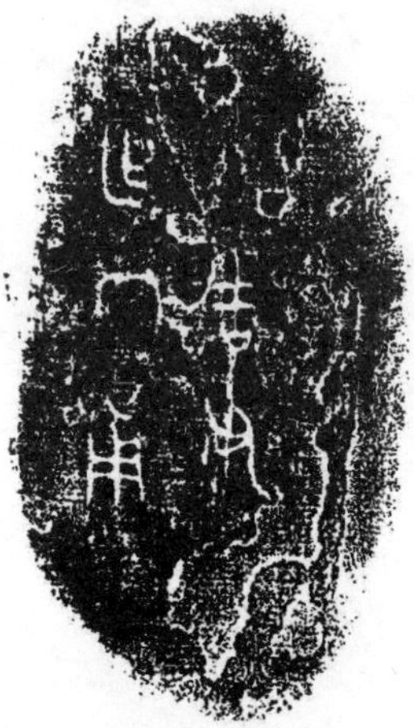

吉父
作寶甫

右簠銘存五字積古七同范甫簠省

𢍀簠

𢍀自作
匿其子子
孫孫永寶用

右簠銘十二字積古七寶簠同范攈古二之一寒簠異范首一字攈古作𡫳即說文𡫳字乃窒塞之塞今𢍀廢而專用塞且變𢍀為共故難識也此从玨非范壞即是䌛文誤筆器銘此類甚多古人未嘗無破體也阮釋寶吳釋寒皆非

伯其父簠

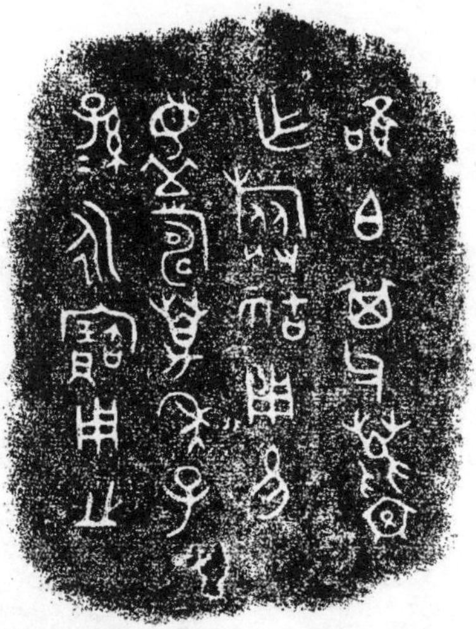

唯伯其父廛
作旅祜用昜
賢壽萬年子
孫孫永寶用之

右簠銘二十字孫重文一積古七同笵筠清三攈古二之三皆異笵文下一字从鹿从文明之慶省許印林乃引觧書盉和鐘慶字㠯為伯其讀伯祺与慶字應不知古人名字不可肌說若必求名字相應則其字安知非麒省也祜用為瑚即簠詳商瓜林簠昜錫省

甾君簋一

甾君招作餴
𠤳用亯用賓
用蘄釁壽
孫永寶

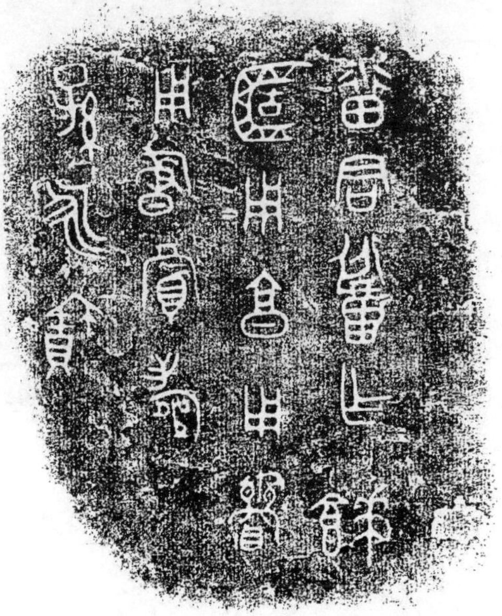

右簋銘存十七字積古七第一器同笵據古二之三第一器異笵甾从非即邪古乇甾布文作甾甾乃十二方肩方足布亦从邪惟說文从邪耳阮云公羊傳古者鄭國處于甾周人有甾子嗟甾子國

心源案元和姓纂十八尤留衞大夫留封人之後賓吳書作孝釋孝見曾伯霥簠

甾君簠二

釋同前

右簠銘存十字積古弟二器攈古二之三弟二器皆同笵

叔朕簠

隹十月初吉庚
午丼朕𢍰其吉
金自作薦匿吕
𩞁稻粱萬年無
彊丼朕賫壽
子=孫=永寶用

右簋銘三十四字子孫重文各一據古三之一同笵𣪘吴釋乳未碻說文飽古文作𩜁从古文孚此从孚抱子蓋本懷抱字用之為飽省食耳孚者卵孚今人謂鳥伏卵為飥音暴此𣪘正象飥子形是即抱即飥亦即包矣稻字殘猶存乚可意會也詳弭仲簠

苗簠

隹正月初吉龜大

宰權子萅鑄其
餴匿曰余○龔子
惠其眉壽㠯餴萬
年無其子子孫孫永寶
用之

右簠銘三十六字子孫重文各一筠清三都太宰簠啓范摹古三之一都太宰簠異范作器者乃太宰欘之子名䎼自不得㠯太宰標名也吳云筠清樸作欘䟽誤萅孔誤子眞作其皆據精拓本訂正心源案此本初从刂摹古从艹明非一范古人一器往往數范字迹亦多有增減戉一器而蓋銘文不同何得執此笑彼是在互校而得耳此作萅彼作䟽此作子彼作孔此作其（無其之其）彼作眞增減不同非拓本不精也欘摹古明明从㠯（从耳从又）何竟釋樸反㠯荷屋爲誤乎萅即䎼从䢅之䟽亦未始不可讀䎼余下一字荷屋釋譏子苾釋諾讀㳟皆非

宂盨

隹三月既生霸乙丣王在卣
令宂作嗣土嗣奠還𢽴眔
吴眔牧錫戠衣䜌對揚王休
用作旅盨彝宂其萬年永寶用

右盨銘四十四字積古七攈古三之一同范别有𣪘文与此同詳弓四

弡仲簠

弡仲作寶𠤳異之金
鏷鋁鏷鑪其鑄其㊀其
黃用成秫稻糕粱用鄉
大正龍王賓饌具召
飤弡仲受無彊福者
友飧飤具飽弡仲畀壽

右簠銘五十一字積古七攈古三之一皆同笵自集古錄收此銘至今攷訂十餘家大約後精于前然仍有數字未合因再釋之弡仲人名非張字玉篇弓部弡巨勿切彊勇案从弓从巨當㠯巨爲聲不淂讀掘巨勿必係勿巨誤倒也余弄謂即矩之別體从矢从弓義同耳鏷字明〻从菐非鋑鋁从乙从日乃㠯之壞文非从呂〻从八口也説文枱重文作鈶耒耑也耒者犁柄上曲者其下耑冒㠯金銳頭可起土孟子所謂㠯鐵耕吾楚名爲貫頭即鈶也今㠯尖鋤之耜爲之而鈶乃

無人識矣鐈詳乃五曾伯霥簠□舊釋勳無一筆肖即是勳之不合歐書跋尾卷一載此盌銘
異形之字作□作□之非勳案古刻贊壽之贊作□从𦥑古文貴从□古刻鑄字之从□其
下體从金从火从匜从皿鑿省或不一形詳乃一太保鼎一要無不从𦥑即□盉𦥑即櫝鑄工所用之橐令之風
箱也此从□蓋□省从午乃金之壞文是此銘鑄从𦥑并合□為之較它器但从𦥑者為繁
矣元黃謂鍊金火色也成盛省秫說文作□□二形稷之黏者也稻从𦥑象打稻形非家父
簠用盛稻粱與此同糕說文早敢𣪊也粱从𣎳即米从口即刅不解宋人何呂釋作米鄉即饗
詳從人鼎大正大官冏命令予命女作大正疏正長也龍舊釋歆非歆之音从口中一當作甘不从日與口
日不同歆之欠不當作「䉅汝豈侶楷書之亂乎玩龍伯戟龍字作□曼龔父盨龔字从□井
侯尊龔字从□知此□即龍讀為寵召招省招飲猶言招飲者諸省飽歐書从□从□皆
吕古文寶為賫福歐書一作□一作□皆反福字𢍏字說文舉也各本作□从由段氏改
从由師酉敦作□與此合阮云與畀與之畀迥別張仲為獻主故曰舉壽是也

召叔山父簠

奠伯大嗣
工召弔山
父作旅臣
用亯用孝
用匃眉壽
子二孫二用
爲永寶

右簋銘二十六字子孫重文名一簠清三據古二之三大司工簠也皆同范奠鄭省嗣工官名

將山文猶仲山甫

曾伯霥簋

右簠銘八十六字積古七同範爲五異範八行多且字九行多白字段緐文不同緐當爲樂詳樂鼎

釋詳弓五

曾伯霥簠

陳逆簋

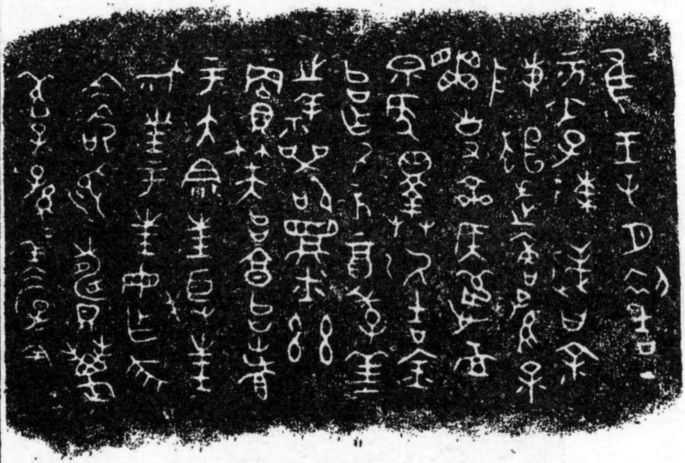

隹王正月初吉丁
亥少子陳逆曰余
陳趄子之裔孫余
寅事齊侯懽卹
宗家𢍰氒吉金
台作氒元配季姜
之祥器鑄㚸
寶笑台亯台孝
于大宗㞷栁㞷
祉㞷考㞷母作○
永命釁壽萬

善子=孫=羲保用

右簠銘七十五字子孫重文各一積古七據古三之一皆同筠阮云陳逆見左哀十四年傳字子行陳氏宗也莊二十二年傳陳桓子始大於齊杜注桓子敬仲五世孫陳無宇少子猶言小子（古文少小通用）卹作血者省文左傳陳氏方睦權卹之故祥器祥祭之器孝从食与曾伯霂簠同羲尔疋訓為長義同乳說文引詩江之羕矣此器作于魯哀公二十年杜氏長歷哀二十年正月丁亥朔銘云隹王正月初吉丁亥与杜氏合時齊侯為平公驁距簡公之弒已五年矣心源案據此銘丁亥為朔凡古刻言初吉者即知是朔日矣趄即桓見陳侯因資敦寏阮釋趡非陳純釜戊寅作□即此台通㠯詳仲師父敦寶从冂从古从貝省玉耳笑即簠从竹夫聲說文簠古文作医亦从夫四坐字即皇詳娩子敦𣑮从𠙴上為且之壞文下為力字合之為助古刻㠯助為祖詳友敦此又加木作𣑮文義仍是用為祖示亦祀之壞文即祉齊侯鎛作祁用為妣此亦然也于考省此与上文于字同形于从丂考亦从丂說文丂下云古文㠯為于字此通段之理贅作□阮遂

釋洒不知是額省文顯㬎也古刻釁字从𦥑(即𦥑)吕頪為聲其从㬎㬎頁者則頪省也自宋楊南仲釋疊(門)讀眉遂不可改試思𧹞釁从釁聲釁从酉分聲古刻所从之頁从首非酉从卩乃奇字人非分所从之刀頁旁之八皆水省非分所从之八也善从羊省从古文言阮釋年非

虢叔簋

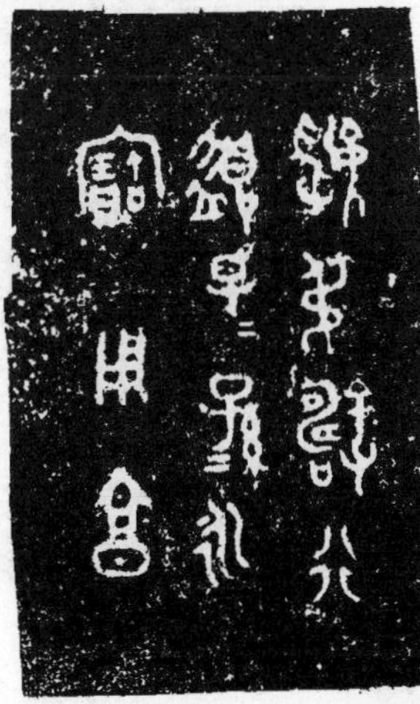

虢叔鑄行

簋子子孫孫永

寶用享

右簋銘十二字子孫重文各一潘師呂辰農贈本

徲簋

器文与马五同

蓋文亦同

右簋銘二十一字子重文一器文攈古二之三本書弖五皆異笵

史㚇簋

史㚇作旅簋
其永寶用

右簋銘九字積古七攈古二之一史燕簋蓋文皆同笵史下夲㚇字史字中直移於又字故異也今改釋詳井季㚇卣

禹尗興父簋

器文

禹尗興父
作旅簋其
子=孫=永寶用

蓋文釋同

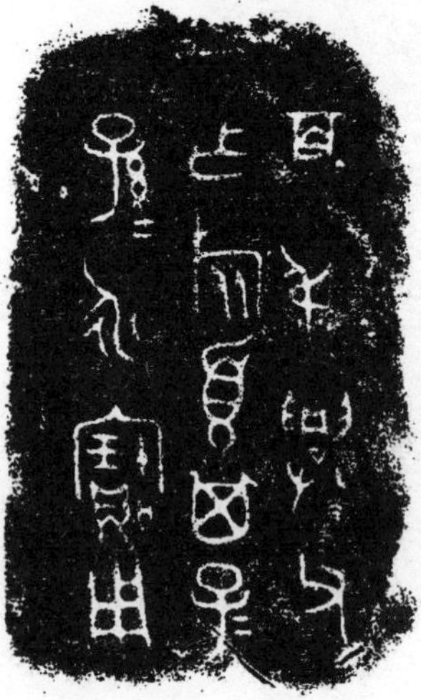

右簋銘十三字子孫重文各一器蓋同積古七攈古二之二皆同範

白孝鼓簋

白孝鼓鑄旅簋其萬年子孫=永寶用

器文

蓋文同

右簋銘十四字孫重文一（蓋文子字有重文孫下無）筠清三伯季簋攈古二之二白庚簋皆同範已入古文審矣

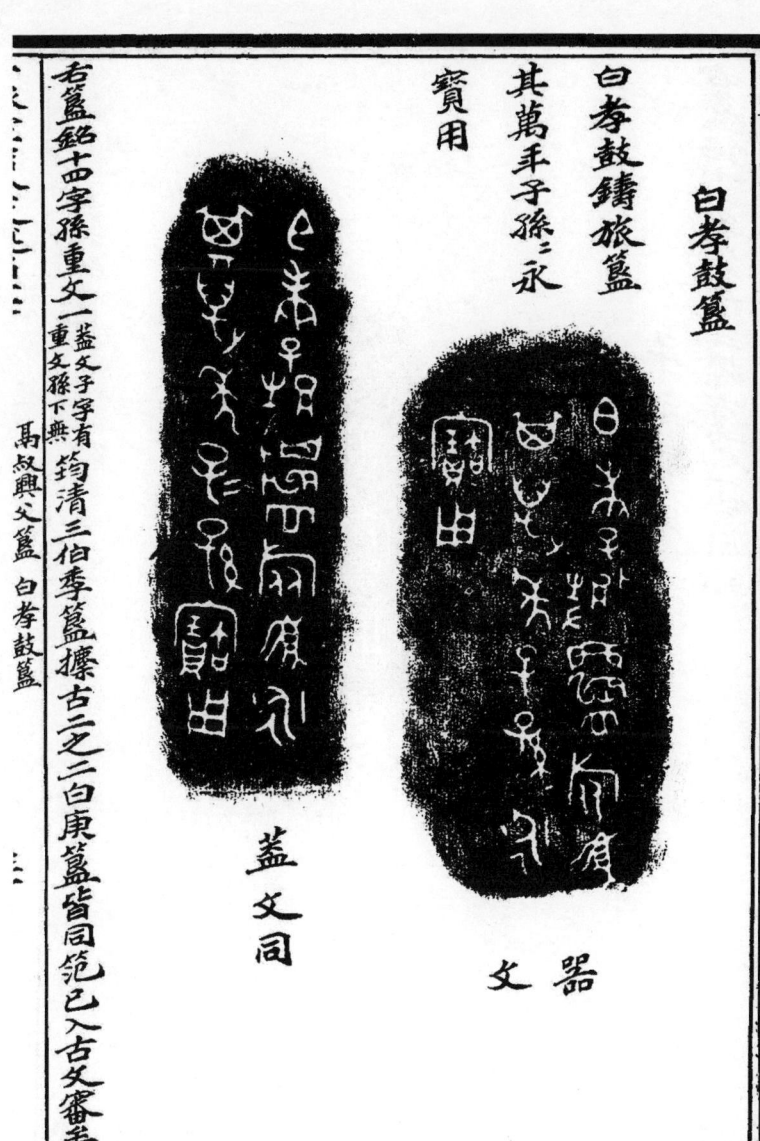

白太師簋

白大師作
旅簋其萬
年永寶用

右簋銘十二字筠清三攈古錄之一皆同范

單子伯簋

單子伯作叔

姜旅簋其子〻孫〻

萬年永寶用

右簋銘十六字子孫重文各一積古七攈古二之二皆同範阮云单氏世為周卿左傳謂之单子

鄭義羞父簋

奠義羞父
作旅簋子=
孫=永寶用

右簋銘十二字子孫重文各一筠清三鄭義父簋攈古二之二鄭義姜簋同笵羞从丑即毋

項燮簋

項燮作旅簋
其萬年子=孫=
永寶用亯

右簋銘十四字子孫重文各一筠清三同范攈古二之二異范燮舊釋𧗿此字下文从人乃
火省當釋燮詳毌田尊豕韋布方肩尖足布項姓燮名風俗通項顓頊之後

天錫簋

帝受元命天易
帝簋用綏子神祇
网弗各隹邁世無○

右簋銘二十一字積古七同范稱帝者當是六國秦器簋从羊合蓋字爲之壬子申盤有羞

字亦是器名（余呂爲盉字）易錫省綏同綏各格省邁遄用爲萬古刻多如此攷古家皆未之譬

甲午簋

隹甲午八月丙寅

帝盥清廟作礼簋

吉蠲明神神鑒
專德俾帝萬年
永綏受命

右簋銘三十字積古七同范阮云稱帝不稱皇帝知是昭襄王之器昭襄王十九年秦為西帝宜作器稱帝也心源案六國年表歷代帝王年表周赧王元年丁未四十八年為甲午即昭襄王四十年昭襄十九年十月為帝十二月復為王甲午作簋稱帝正其素心不忘者此可補史記之闕矣二神字篆形不同三代本無此法會稽刻石二宣字有意示異李斯殆本于此於是唐人碧落謙卦之作凡文中同字皆無不求異也專阮釋是非案叀从屮屮木中出之形古文叀作[illegible]即古文屮之中也小篆每从屮古刻籀之偏旁每字从屮可證秦事兼并欲定一尊其文好用專字如琅邪刻石摶心揖志索隱摶古專字心源呂為揖之壹字又如繹山刻石乃降專惠與此專德正同

叔家父匡

尗家父作中
姬匡用成稻

梁用連先薦
眘兄用蘄賮
考無彊悊德
不忘孫子之𪓰

右匜銘三十一字筠清三同筠攈古二之三異筠已入古文審卷二吴編入簠類今依銘文題作匜詳尹氏匜戌盛省連舊釋速非从東即重字所从㠯為眘者又从辵為連即𨎮兄从先生詳䀌敔考讀壽𪓰即旺詳娩子敔

邻王錉一

耑𣵀之盤
邻王戉又之耑

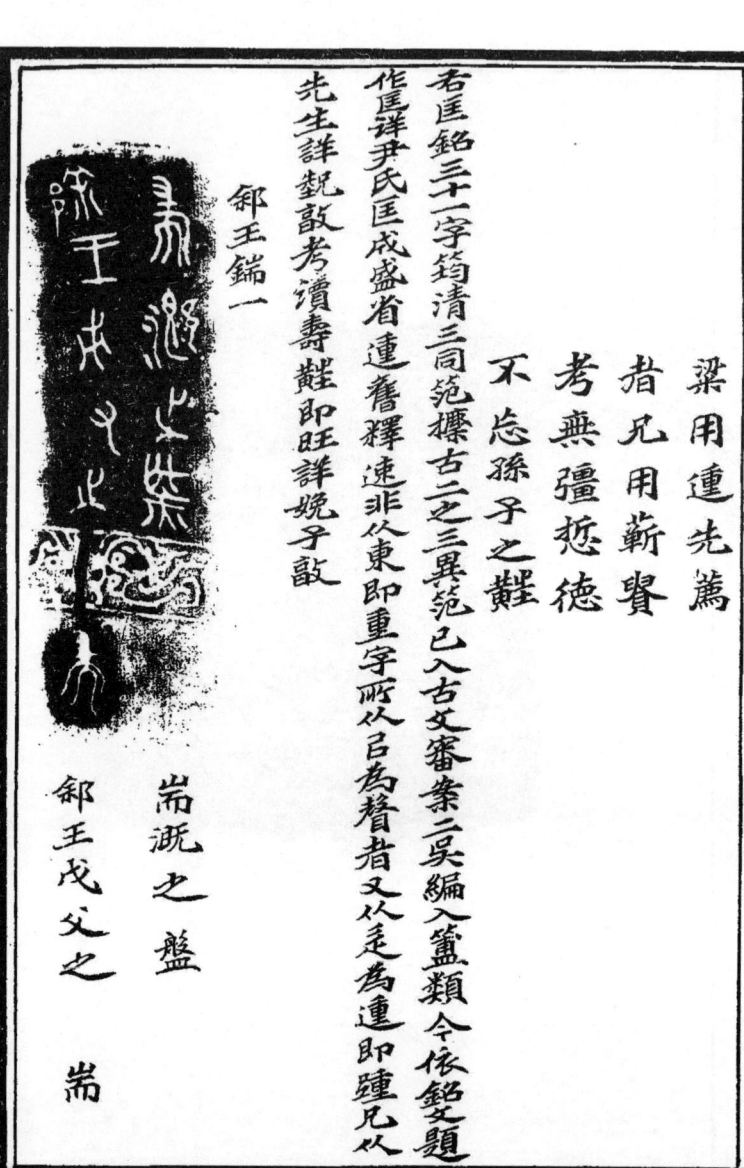

右高安郐觀察凌瀚器銘十字左行讀余手拓本郐云高安西四十里清泉市旁近里許山
上有漢建武侯墓光緒戊子四月農人熊姓於山下田中掘得古鐘鐸大小九鍴三皆購歸鐸獻
潘文勤師又呂一鍴奉其師張玉珊大令鳴珂器初出時落瘢頗厚有邯土用錐剔字稍〻
受傷心源觀三鍴銅質湛碧瑩澤如骨此一器有腰帶紋後二器無而人名之異耑後一器从金
作鍴孜字書鍴音端鑽也此三器形佀觶又佀鉼而後二器且銘曰祭鍴則非鑽矣說文卮部𦉢
小卮也从卮耑聲讀若捶擊之捶大徐作旨沇切案卮下云卮圜器也玉篇酒漿器也鍴為小
卮此三器正是小而圜則鍴即𦉢也耑乃省字卮部又有䏦解云小卮有耳蓋者急就篇椯
榼椑㯕匕箸籫顏注椯小卮上有蓋王注碑本皇象本作槫通訓疑𦉢與䏦同今此三器皆無
耳蓋知𦉢䏦有別又孜穆天子傳六盛姬求飲天子命人取漿而給是曰壺鍴亦𦉢字之叚而
注乃謂輲與遄同速也此未得𦉢字本形而肊解耳溉之盤者詩溉之釜鬵傳溉滌也周禮
大宗伯宿眂滌濯注滌濯溉祭器也祭器必溉故銘語云然盤从皿即股反形从木即皿省

形戊父郳王名不知何時人然此器与郳王義楚鍴同出一穴義楚即左傳之儀楚（詳後器）則此亦春秋時人也左昭十六年傳齊侯伐徐（齊景公）徐人行成徐子及郯人莒人會齊侯盟于蒲隧賂以甲父之鼎ゝ名甲父鍴名戊父且並是徐器時代亦可想矣郳从邑說文以為邾下邑地實徐之本字徐僭稱王自偃王始見史記秦趙世家此三器皆稱王蓋私王其國也古器銘可補經傳之闕此類是已壬寅三月初十日

郳王鍴二

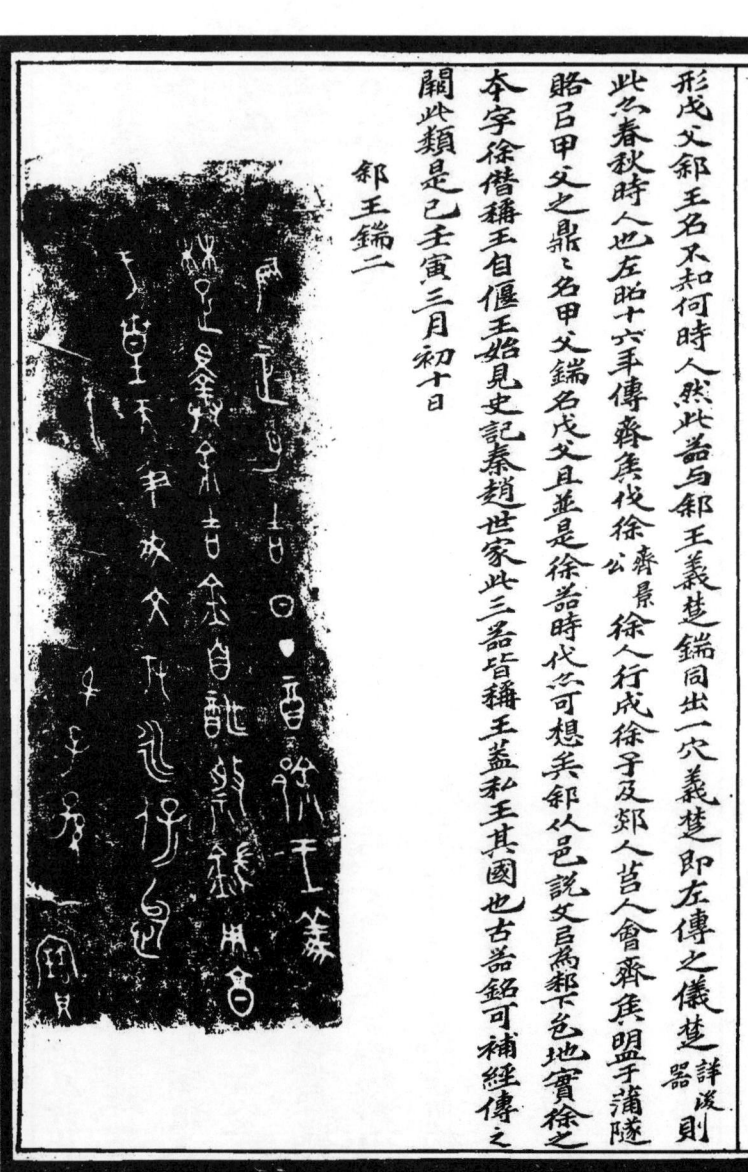

隹正月吉日丁酉郘王義

楚羼余吉金自酢祭鍴用亯

于皇天及我文攷永保○

○子孫寶

右郘觀答器銘三十五字說詳前器酢爲作攷爲考皆古文通叚保下一字明〻从以从心字書無攷子上一字忩未詳張玉𤤣云左傳昭六年徐儀楚聘于楚〻子執之逃歸懼其叛也使薳洩伐徐注儀楚徐大夫令呂鍴文證之義楚即儀楚非大夫乃徐王也心源案說文義乃儀之本字誼爲仁義字後人借用而失其原張說是也竊意徐王不得出聘此必義楚爲公子時事後爲徐君僭稱王如楚之王子圍之類耳書闕無徵杜氏遂呂大夫稱之古器銘有益經傳此又其一也三月十六日

義即儀詳虢叔鐘四月廿日夏拔記

郘王鍴三

義楚之祭耑

右張玉珊器詳第一器銘五字此器無郘王字當呂前二器互證此器脣斷張以銅管襯合之

奇觚室吉金文述卷十八

嘉魚劉心源幼丹甫學

補卣敦觶角觚壺鉳豆鬲鐳盉盞盤匜鐘鎛刀劍戈矛斧文

畬卣

器文畬

蓋文同

右卣銘二字積古吳範攈古一之一同範舊釋山酉二字心源案山篆作山山不得作山此疑

从人入而筆勢分而上曲耳蓋酓省乃是一字讀為歛也

單卣

器文 由爵單

蓋文同

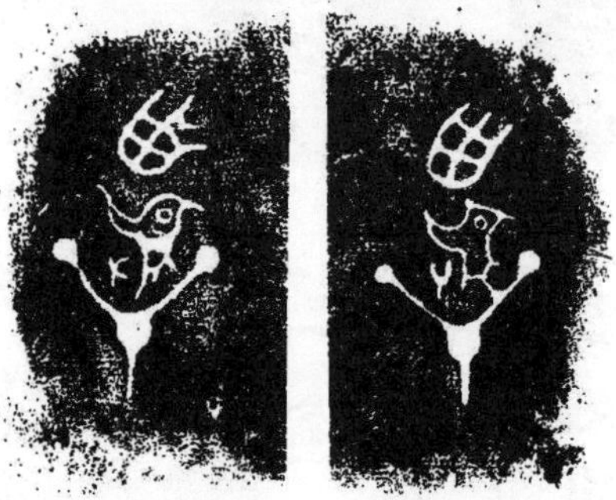

爵作雀形从又持之又者手也与說文合單當觶省此蓋作由爵觶三器也卣而銘曰三器所謂本銘不言本器而言它器也浸按記

右卣銘三字積古卷五旗單卣同笵自宋人誤目由為甘至今無訂之者可怪也試思由甘二字同形否攷說文由東楚名缶曰由乃別是一器決非甘字矣單或是地或是姓阮云

周景王時单穆公名旗果尓何吕不曰单旗而曰旗单也攈古一之二亦承譌釋旗

⿺辶壹卣

器文

⿺辶壹作寶尊彝

盖文同

右卣銘器盖各五字積古五攈古一之三同范⿺辶壹詳漢龍節此亦本銘不言本器而言它器也

丁玑卣

器文

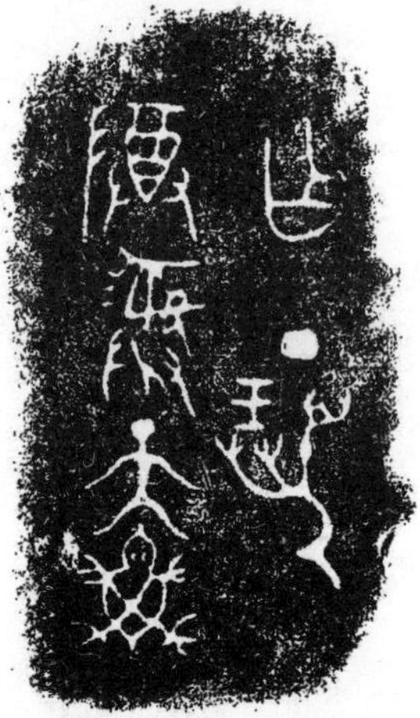

作丁玑
尊彝子孫

蓋文同

右卣銘器蓋各七字積古五琥卣同範攈古二之一異範玑詳玑鼎

姜卣

隹王八月泉伯

錫貝于姜○用

作父乙寶尊彝

右卣銘十八字攈古二之二泉伯卣范異泉即洎公史彝𣴎事有臮謂有盡也即此非泉字

咎卣

咎作父癸
寶尊彝
用旅輩

右卣銘十字積古一同箔攈古二之一巽箔咎當讀皋旅輩詳嫠伯鼎

虎卣

器文

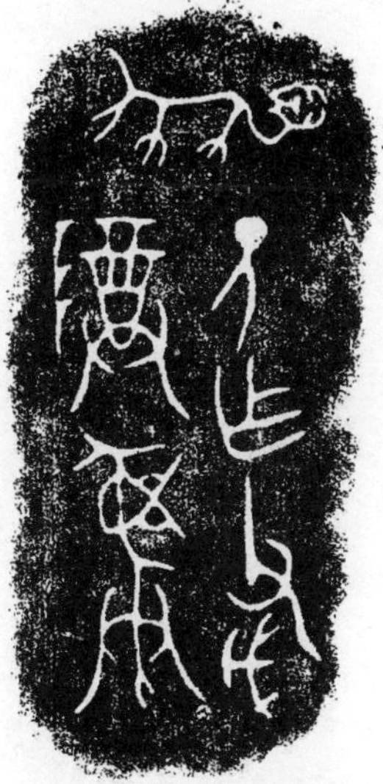

虎子作父戊
尊彝

蓋文同

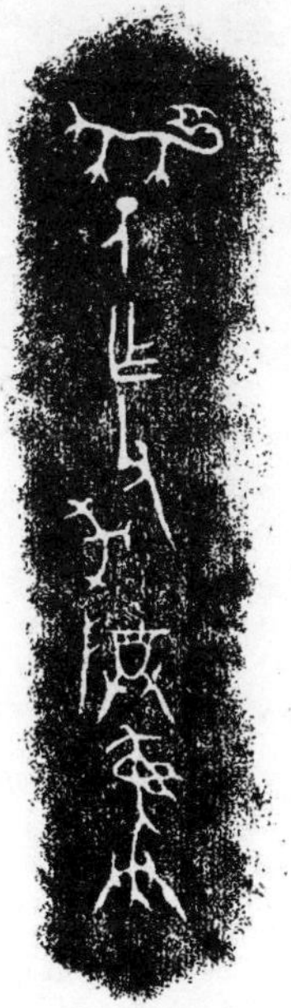

右卣銘七字積古一攈古二之一皆同笵

倗卣

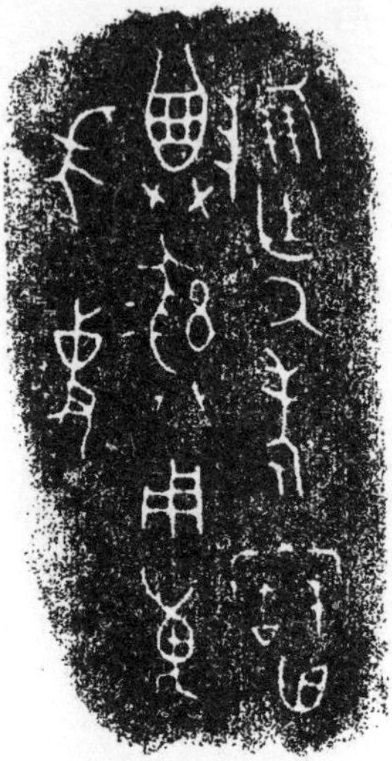

器倗作乍考寶
尊彝用萬
文
年事

蓋文同

右卣銘十一字據古二之二同範凡古刻朋字作拜又从亻為人即說文倗字攷古者不可忽也

豚卣

豚作父康宗
彝其子=孫永寶

右卣銘十一字子重文一与焉六異笵

祖癸卣

且癸父丁

右卣銘四字潘師器濮瓜農贈本

子工爵

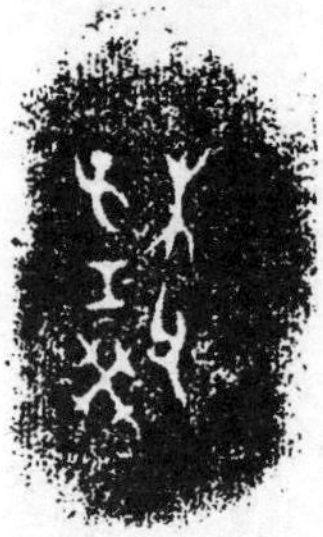

木父

子工癸

右爵銘五字積古五同笵

歔𣪕

歔作父
戊寶彝

右𣪕銘六字積古五攈古一之三皆同範

宀觶

宀
父己

右觶銘三字筠清一父己舉同范攈古一之二父己舉異范宀舊釋舉非說文宀交覆深屋也

武延切音眠古器多有此字蓋取廟室之義宋人不識妄釋為舉至今承譌所當糾正也

父乙觶

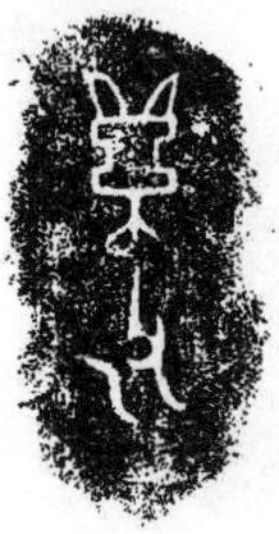

冣父乙

右觶銘三字筠清一據古一之二父乙舉同笵冣字象形荷屋釋兕形子苾釋舉皆非

冉觶

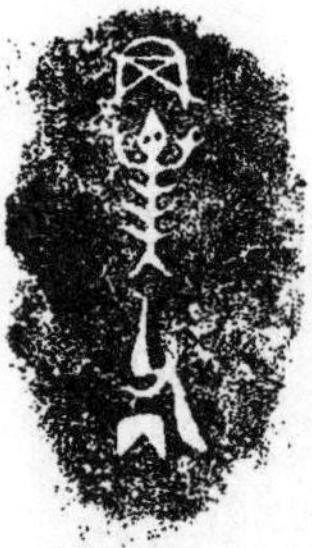

冉子父丙

右觶銘四字據古一之二同笵彼作父丙觶冉詳冉婦彝

戚觶一

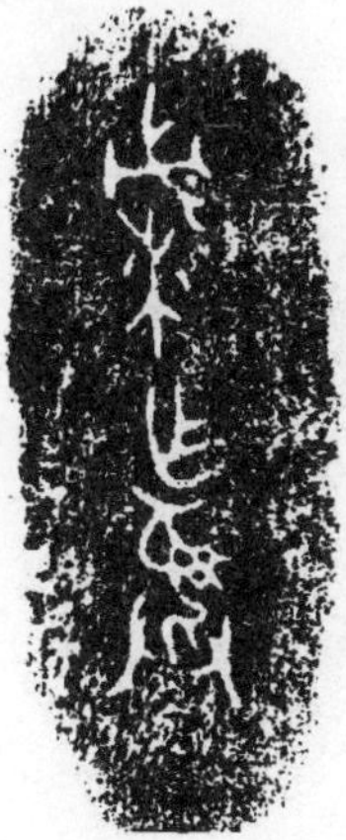

戚作彝

右觶銘三字筠清一第二觶攈古一之二第一觶皆同箎子苾云古戚字从尗得聲

戚觶二

戚作彝

右觶銘三字即筠清第一器攈古第二器也

禡觶

王元巳王用禡

右觶銘六字筠清一元祀觶同范巳祀省尔足釋天禡師祭也說文師行所止恐有慢其神下而祀之曰禡

遽仲觶

遽仲作父丁寶尊

右觶銘七字積古五攈古二之一皆同䈎尊字就亞字為之阮吳釋皆未悟及亞象尊身

魯侯角

魯侯作○巹○

用尊泉盟

右角銘十字攈古二之一異䈎作下一字彼作[illegible]許印林引䢼書釋婚棄婚字篆法不合巹下一字彼作叀亦未釋泉許釋彝其說殊强攷說文泉古文作[illegible]一本作[illegible]一本作[illegible]傳寫雖有譌失皆与此肖決非彝字

招觚

招作厥文
考父戊寶
尊彝子子孫孫
其永寶用

右觚銘十六字子孫重文各一積古五高范

宰⿰彳首工壺

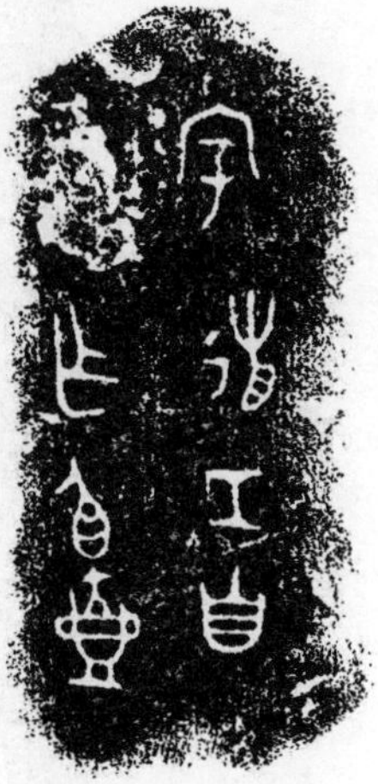

宰⿰彳首工自

○作卣壺

右壺銘七字積古五家德氏壺異笵攈古二之一宰德氏壺同笵⿰彳首从[glyph]詳鬲比鼎德不得从[glyph]

招鮴　宰⿰彳首工壺

邛君婦壺

邛君婦龢作其壺

子孫永寶用

右壺銘十二字攈古二之一同笵文見筠清四

魚壺

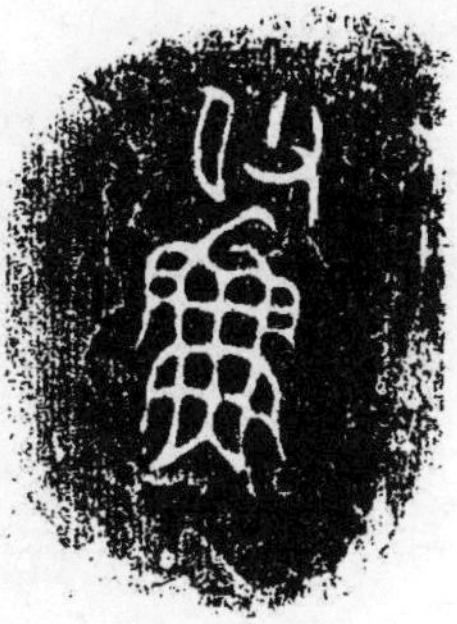

父乙
魚

右壺銘三字積古二鷹父巳壺異范乙字乃空白書者非巳亦非己也

大壺

大作父乙
寶彝其子子
孫孫永寶

右壺銘十一字子孫重文各一攈古二之一同笵

史僕壺

史僕作尊壺

僕其萬年子=

孫=永寶用亯

右壺銘十五字子孫重文各一積古五攈古二之二同笵

兮熬壺

兮熬作
尊壺其
萬年子=
孫=永用
亯考于
大宗

右壺銘十七字攈古之二之二蓋文同箎彼有器文行四字末行五字文同考讀孝詳仲師父敦筍清四器蓋全

司寇良父壺一

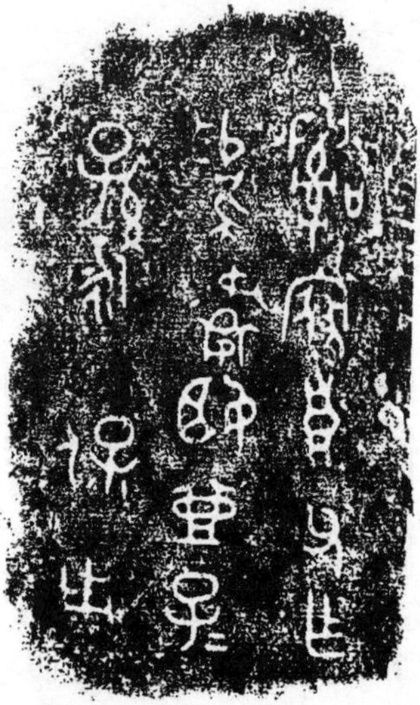

司寇良父作
為衛姬壺子二
孫永保用

右壺銘十四字子重文一筠清四攈古三之二同笵

司寇良父壺二

釋同前器

右壺銘十四字子重文一與前器異笵

彭姬壺

彭姬作壺
尊姬其萬
年子二孫
永寶用

右壺銘十四字子重文一積古五攈古二之二異范

周䝉壺

周䝉作
○乙尊
壺其用亯
子宗其子
孫邁年
永寶用○

右壺銘二十一字積古五攈古二之三皆異范已詳卣六

殳季良壺一

殳季良父作○始尊壺用盛旨酉用亯孝于兄弟婚顜諸老用蘄匃賢壽其萬年霝終難老子=孫是永寶

右壺銘四十字子重文一筠清四攗古三之一皆異範作下二字子苾釋敬始即始字詳仲師父鼎酉即酒字詳鬲鼎婚詳毛公鼎一顒即媾者諸省元和姓纂叐斯辟臣名南朝嘉興叐季眞

叐季良壺二

釋同前

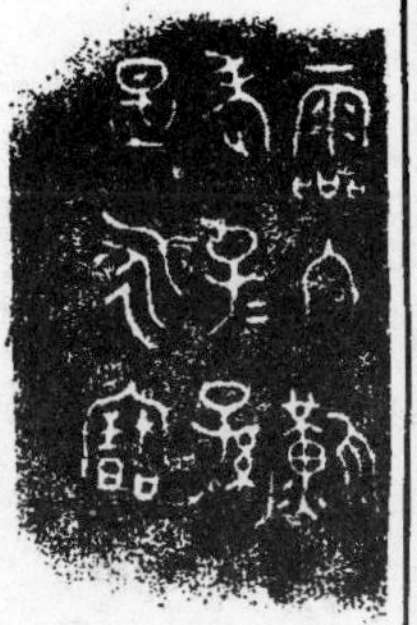

右壺銘四十字子重文一筠清四同笵与前器異笵

頌壺

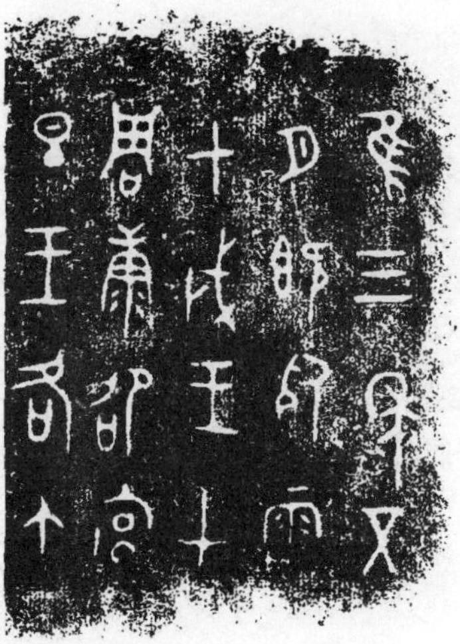

隹三年五
月既死霸
甲戌王在
周康卲宮
旦王各太

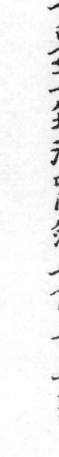

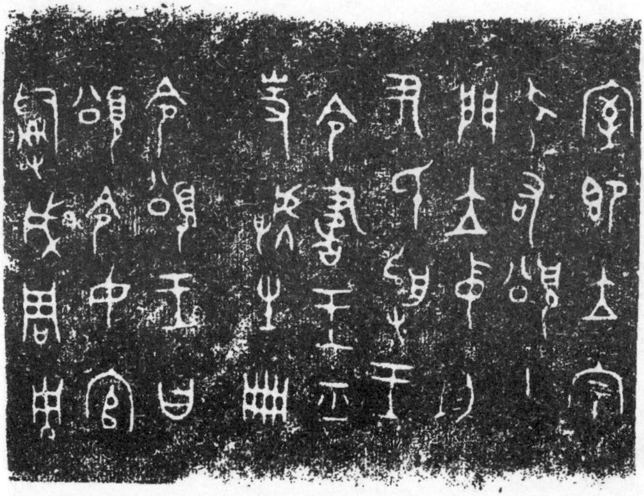

室即立宰
弘右頌入
門立中廷
尹氏受王
命書王呼
史虢生冊
命頌王曰
頌命女官
𤔲成周責

頌壺

廿家監𤔲
新造貯用
宮御錫女
[元]衣黹屯
赤芾朱黃
鑾旂攸勒
用事頌拜
䭫首受命
冊佩己出

反入覲寵
頌敢對揚
天子不顯
魯休用作
朕皇考龏
尗皇母龏
始寶尊壺
用追孝旂
匃康禠屯

右通彔永
命頌其萬
年𩅦壽畯
臣天子霝
終子₌孫寶

右壺銘百四十又八字子重文一積古五同笵攈古三之三異笵頌又有鼎文同詳弓二

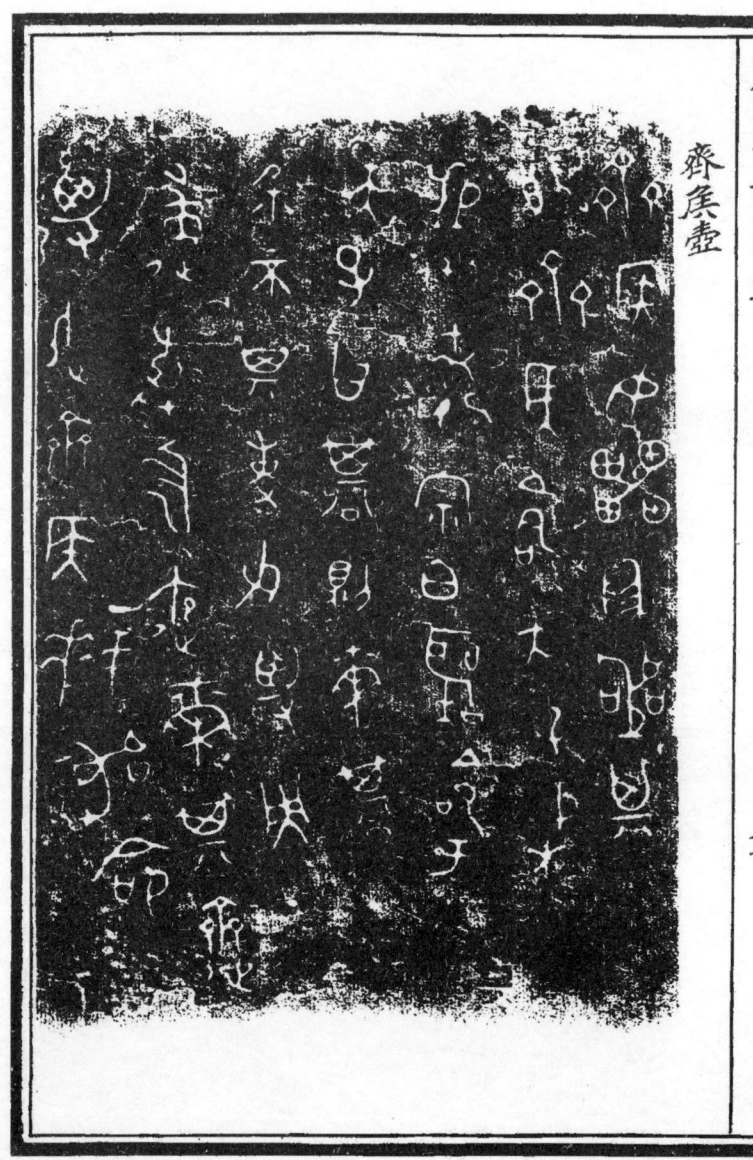

齊侯壺

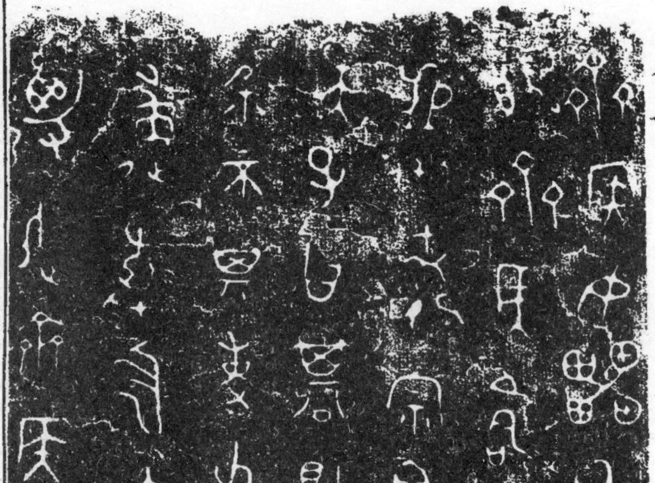

齊侯壺

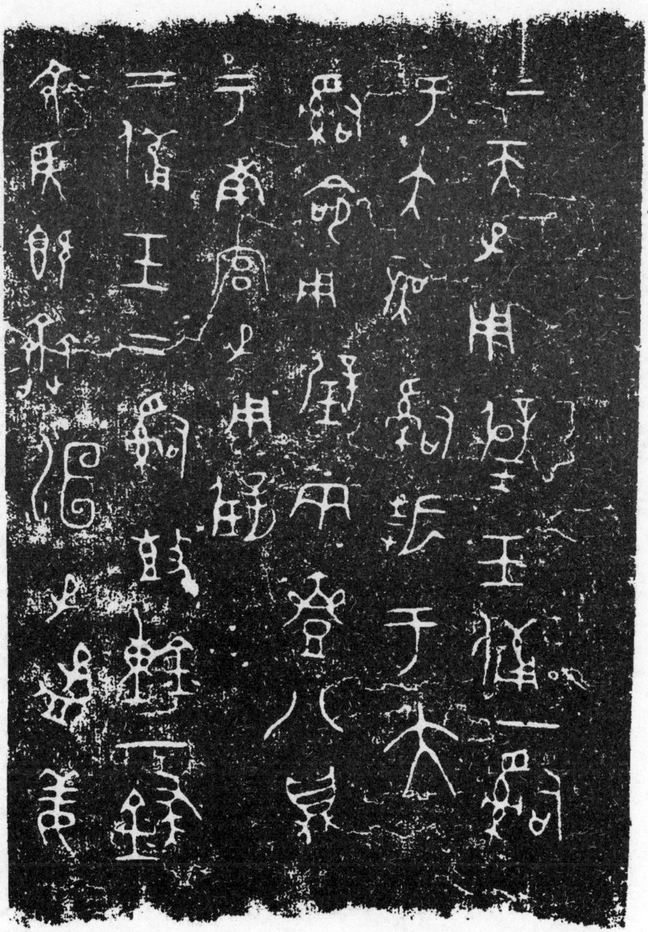

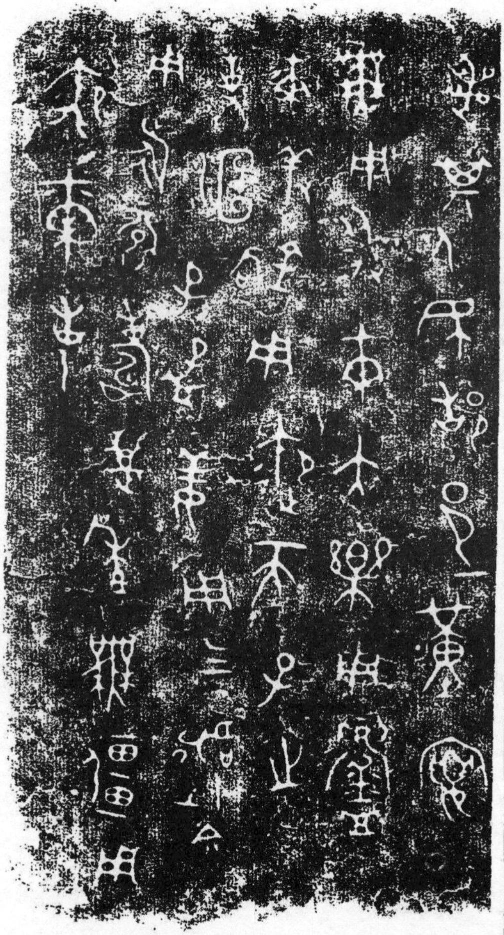

齊矦女䨟○喪其
師齊矦命太子○
○○○宗伯聖命于

天子曰諆則爾諆
余不其事女受○
歸○○御爾其遵
受御齊侯拜嘉命
上天子用璧玉備一嗣
于大無嗣折于大
嗣命用璧兩壺八鼎
于南宮子用璧
二備玉二嗣鼓鐘一肆
齊侯既遵洹子孟姜
喪其人民都邑堇宴

無用從爾大樂用鑄
爾羞○用御天子之
事洹子孟姜用乞嘉命
用旂眉壽邁年無疆用
御爾事

右壺銘百四十又二字筠清二齊侯仲罍攈古三之三第二齊侯壺皆同范筠清別有一罍即攈古第一齊侯壺其第十四行重出洹子孟姜喪其人民都邑堇宴無用從尒大樂用御天子之事二十四字餘亦有語句省缺者可以互校此器女嚚乃侯之女名也它器無女字喪字兩見舊釋器非師作鈇井弓鑄師于淄涶是也聖即聽無逸此厥不聽后經作不聖碁即諆即欺不即否事據它器作吏人釋之遊从辵當是蹻井弓鑄小心龔齋忽忽此作此銘文意是用兵當讀擠史記項羽本紀漢軍卻爲楚所擠臣瓚曰排擠也排之使走故

从走受御者受君之命女䨻喪師巫侯命太子告宗伯聽命于天子天子命遣之齊侯受御于天子故下文即云拜嘉命玩下文齊侯既遣桓子孟姜喪其人民都邑則所遣者桓子而女䨻喪師乃是為桓子所敗也攷齊有兩桓子一為晏平仲之父晏弱一為陳敬仲五世孫陳無宇晏非権邑此銘當是陳無宇左傳載無宇代欒施高彊而與鮑氏分其室女䨻或是欒高之妻上文所謂喪師即分室之事也上者獻而上之也它器上字之上多一子字備一嗣與下文備玉二嗣皆讀笱嗣誓于大嗣命兩嗣字上讀詞下讀司舊皆釋訟非也大無讀大舞祀神用舞折為誓省肆即肆吕樂器言之故从金于天子用璧玉淂王命而致礼也于大舞誓司命用璧及壺鼎要神求祐也于南宫子用璧玉鼓鐘賂人結援也洹即桓墓覲省見頌鼎宴舊釋廋非二吳本皆从[illegible]此从[illegible]合校知是从[illegible]从[illegible]从[illegible]說文要作[illegible]古文作[illegible]即此字下體乃要字又从宀為宴惜字書未載也宴無當是二地名齊侯既勝桓子覲見此地之人相與凱樂故云用從尒大樂用乞嘉命吕下桓子請罷淂復官也古文審已采令再訂之

喪史鈚

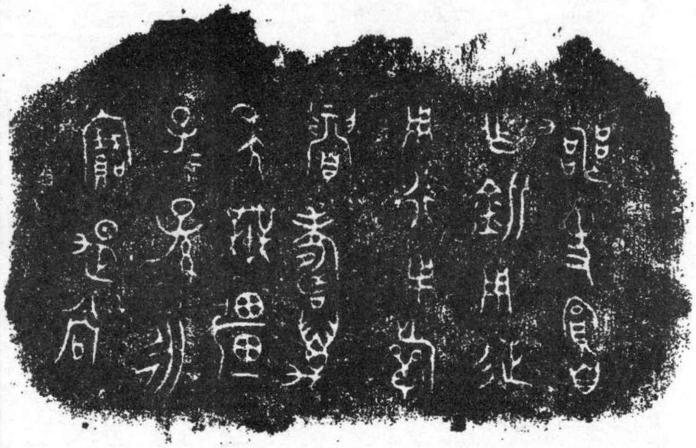

喪史賓自
作鈚用征
用行用蘄
鬢壽萬
年無疆
子〻孫〻永
寶是尚

右鈚銘二十四字子孫重文各一積古五史賔鈃據古二之三喪史鉼同笵阮釋喪為鄂非吳云漢印有宣曲喪史漢甎有富喪史三字定為喪字心源攷說文喪从哭亡作[illegible]毛公鼎作[illegible]哂惟是喪我國齊侯壺作[illegible]喪其人民都邑成鼎作[illegible]天降災喪于上國量侯敦作[illegible]永寶敦勿喪並與此合此為喪史無疑周禮喪祝有史二人即喪史也鈚明〻从比此器阮氏所藏頸長本是鉼而字从比蓋鉼比雙聲鈚即鉼字也

太師盧豆

太師盧作蒸尊豆
用卲洛朕文祖考
用旛多福用匄永
令盧其永寶用亯

右豆銘二十八字筠清三攈古二之三同笵已入古文審卲洛即昭格旛即祈蒸詳盂鼎舊釋豊豐皆非

喪史鈚　太師盧豆

二二

子鬲

作寶彝
子其永寶

右鬲銘七字積古七據古二之一皆同範

永宮鬲

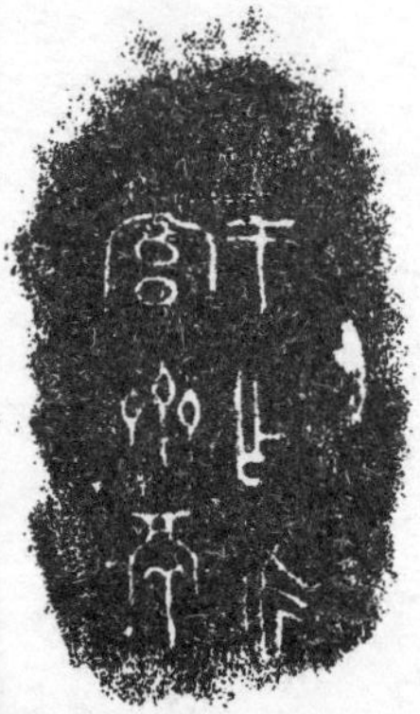

王作永
宮參鬲

右鬲銘六字積古七攈古一之三皆同範無即齋

虢仲鬲

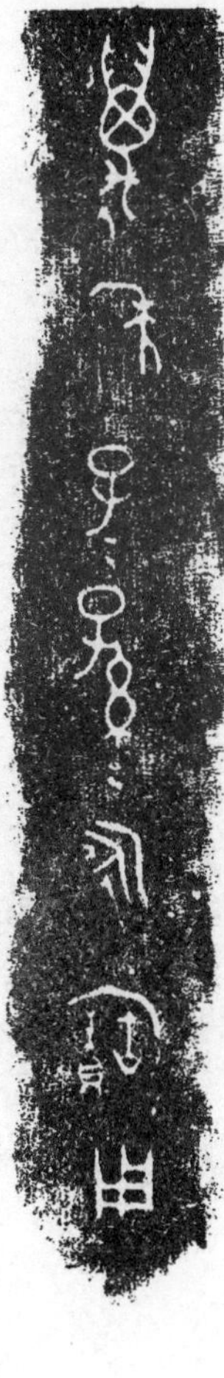

虢中作虢改尊鬲其邁年子=孫=永寶用

右鬲銘十五字子孫重文各一攈古二之二同範改說文云女字也玉篇紂妃妲改此虢改亦是虢氏改字也此拓一行截作兩行

子鬲 [illegible]字鬲 虎中鬲

西亭[金詹]

國差立事歲
咸丁亥攻市
佸鑄西亭寶

𦉜四秉用實
旨酉侯氏受
福賢壽畀旨
畀清侯氏毋
咎毋瘨齊邦
貯靜安寧子〻
孫〻永保用之

右𦉜銘五十字子孫重文各一銘末有文官十夂一鈙三斤八小字後人所加此本漏拓積古八摽古三之一同范阮題齊侯𦉜吳題國差𦉜許印林吕國差即國佐丁亥為齊靈公八年十二諸侯年表攷帀即工師然亦乃帀字林弓鑄師字作𠦃帀此其省形師褱敦以吕帀為師帀字篆作㞢究不如此也佸作喦者名或釋倀林弓鑄倀作㞢𩫏即郭齊有東郭吕地為氏此西郭亦地名𦉜即甔〻缶也今作𨭐瘨舊釋

癘非此疒下从廿非甘从月為肉非夕說文猒从甘从肰肰从犬从肉古刻猒从月汗簡𠙵肙為厭此从𣃔即疒从㚔即肙是𤺊字兵字書未收孜毛伯彝伐東國奄戎之奄作𤵸正是此字其从疒者指災病言之字苑厭眠内不祥也山海經西山有鳥名曰鵸鵌服之不厭注不厭夢也新附魘夢驚也古止用厭實當作𤺊此銘蓋祝侯氏無過失無災疹也故峇厭二字皆从疒不得已不見字書而昧其形替也畢即俾毋通毋即無貯或釋賓或釋鼏讀謚皆非此字已詳頌鼎案貯者藏積也本有安定之義此云貯靜有何不可而必曲為之說乎

伯角父盉

伯角父作寶
盉其萬年子子
孫孫其永寶用

右盉銘十五字子孫重文各一攈古二之二異范筠清四伯鼻父盉同范

王子申盞

王子申作嘉嬭
盞盖其賫壽
無朞永寶用之

右盞盂銘十七字積古七條蓋銘異范此或其器銘也王子申阮定為楚子西又吕所藏此蓋特
大釋盞盂為盛非淺（即盞）今仍依本字釋盞蓋从皿从羊阮釋蓋是即它器作鼎者廣疋釋親
嫡母也廣韻楚人呼母奴礼奴蟹二切

曾中盤

曾中自作
旅盤子＝孫
永寶用之

右盤銘十二字子重文一積古八攗古二之一皆同范

伯吏盤

隹王正月初士丁亥
黃父子伯吏作女○
臾賸盤用蘄賢
壽萬年無彊子孫

永寶用

右盤銘三十二字攈古三之三女嗣盤冀范彼銘末多一之字銘皆反書吉字省口

寰盤

隹廿又八年五月旣望庚
寅王在周康穆宮旦王格太
室即位宰頵右寰入門立
中廷北鄉史𦔻受王命書
王呼史淢冊錫寰[元]衣黹

純赤市朱衡鑾旂攸勒戈
琱戟緱柲丹沙寰拜䭫首
敢對揚天子不顯叚休命
用作朕皇考鄭伯鄭姬寶般
寰其邁年子=孫=永寶用

右盤銘百又一字子孫重文各一積古八攈古三之二同絻黹純戟緱柲沙攸勒詳𢍰叀鼎黃即橫即
衡詳頌鼎丹吳本作彤此作丹乃彤省說文丹古文作彬即彤字知二字通用㠯此銘證之許說
有據矣𦎫人名詳太保鼎此銘黹从㡀即黹从巿即巿是黹字変無疑也旂舊釋旂
習於鑾旂之文不知从冂非斤乃巿字當釋旂說文作旂鑾旂即鑾旂之鑾文般盤省

齊侯匜

齊侯作虢孟

姬良女寶匜

其萬年無疆

子二孫二永寶用

右匜銘二十字子孫重文各一筠清四同范攈古二之三異范虢字反形稍泐攈古作[illegible]猶可識

諸女匜

器文

盖文釋同

亞中尊卑者女呂
太子尊彝

右匜銘十字積古七攈古二之一同笵尊卑舊釋皆誤詳亞鼎者諸省春秋莊二十九年城諸地理志琅邪有諸縣路史大彭之後封諸呂讀巳〻倒呂字也此銘用巳為祀見禡觶

皃鐘

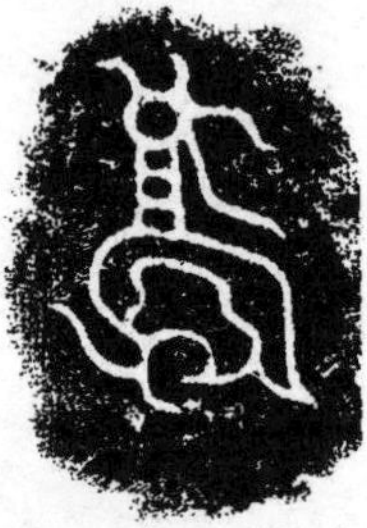

皃

右鐘銘一字積古一攈古一之一異范本書卷九亦異范說詳於彼

魯邍鎛

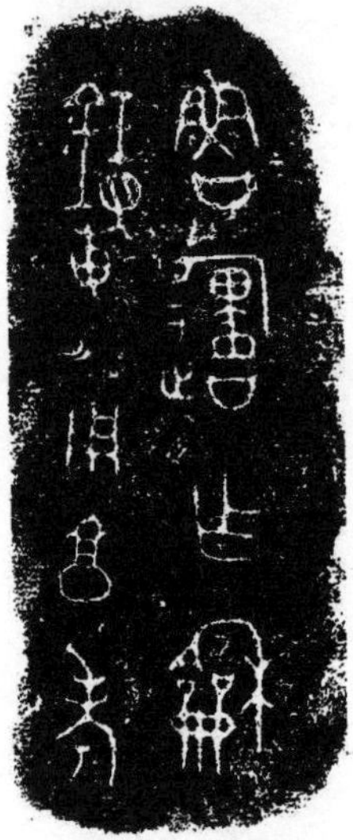

魯邍作龢
鎛用亯考

右鎛銘八字攈古二之一同范鎛从鐘又从叀合二字爲之當釋鎛〻亦鐘也

夜雨雷鎛 此拓兩罍軒貼之釋文即原式也

[illegible]童 鳥[illegible]之童 之白畐尃

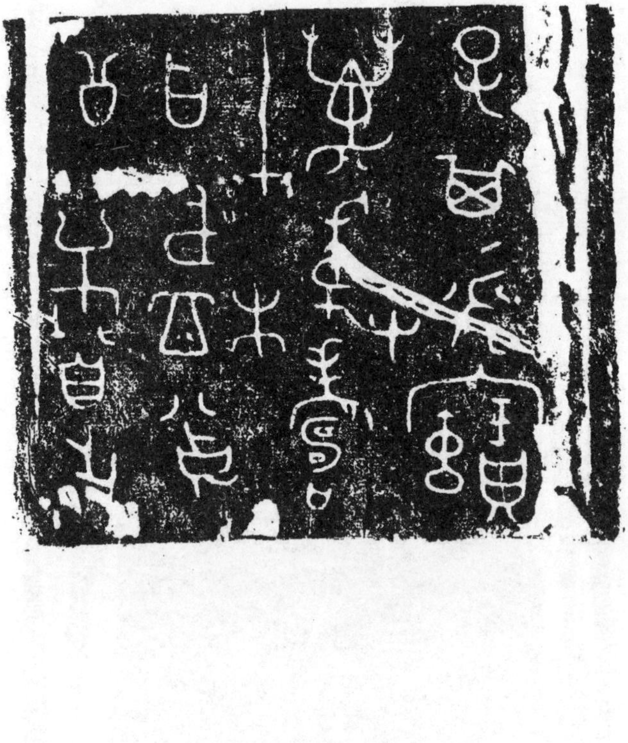

○市勿家孫子其永寶

○○○公逆其萬年壽 中

木甲木

夜雨𩂣鑄斤名曰身○克

隹八月甲申楚公逆自作

右鑄銘四十一字左行讀趙明誠金石錄一古器物銘五薛氏法帖六復齋款識有兩拓積古三攈古三之一湖北金石志皆題為楚公鐘趙未錄篆跋云政和三年獲於鄂州嘉魚縣呂獻阮攈復齋本摹之云冊末文有北宋石國佐公弼拓本有印曰公輔題曰政和三年武昌太平湖所進古鐘此後拓標目此銘後有紹興四年東州榮芑記云紹興十四五年閒茂世先兄自成都運判除倉

部外郎總領淮東軍餉郤澤民見屬云我有雷鐘藏之久矣兩得秦會之書見取度不可留為我達之會之償呂三千緡鐘高二尺有畸紐上坐一裸鬼蓋雷神也五色相宣銘在鐘裏今諸處所刊咸其雲仍對之可見心源案武昌嘉魚於宋為縣皆隸鄂州一鐘所出兩地不同而呂氏言進趙氏言獻是已入內府矣豈南渡時又歸郤氏而為秦所取耶玩復齋本及此拓墨痕邊線朗然銘在鉦間與榮芑所記銘在鐘裏者異范知郤氏所藏乃別是一鐘非復齋本也此拓與復齋本同範形趣活秀則過之蓋復齋本經摹刻失神耳釋者甚多（具復齋款識）今再訂正甲申或云丁巳或云甲巳案甲字是也古刻習見之說文申作[illegible]陳从[illegible]古文作[illegible]从[illegible]是[illegible]為申之古文（申下典）外如伯申鼎作[illegible]父辛卣作[illegible]壬子申盤作[illegible]石鼓文作[illegible]皆古文也此[illegible]為申何疑若巳从倒呂作[illegible]（小篆）[illegible]（古刻）非此形楚字省它器作楚、公逆作器者名逆或釋造（廷）旅皆非此拓而逆字一作[illegible]一作[illegible]攷說文逆从屰、从干（干下屮）汗簡干部引古尚書逆作[illegible]繹山刻石作[illegible]（討伐亂逆）陳逆簠作[illegible]

宗周鐘作𢓊（遥遣進閒来逆 或釋造非）筆畫皆相似互校知从中从木从屮从卜（左畫殘）从屮乃筆
畫小變耳舊以爲楚公名逆不惟不合篆形且未得文意此銘先云楚公逆後止云公逆
是公逆爲人名係以楚乃楚人非楚國之君名逆也舊說付會殊未細審䨓即雷鑄字缺
甫笵壞也𠂆反𠂈字即斥即厥宋人釋乃又釋故後不能自主而錢獻之習篆者乃反
祖之吾已訂正于𠢭父鼎矣名𠫓反形即銘字囟八或釋其或以上體爲其下體八字屬克
字案𠫓銘有其字而見不應此處獨異或是冥字寘字𠀤𠦝或是𣅀春仲二字𠫓
不敢定市即芾勿古刻作𠃌即此𠦝吳書釋韋案古刻𢑚即肆即遂其偏旁多作
𣏟𣏟𣏟即此形此讀墜二行三行之閒有一屮（艸省）一十（古文甲）二木當是記此鑄聲律所中
阮氏據夜雨雷之義引易天地解而雷雨作雷雨作而百果草木皆甲坼荀爽曰解者震
世也仲春之月草木萌動而以潤之雷以動之故甲坼也知鐘名而雷者所以著夾鐘之
律心源謂取夜雨雷之聲作此鑄以象之猶琴聲有松風石泉耳（中都布作𠦝 此作𠦝同）

古刀

右刀銘六字皆泐弟三字侶炫弟四字侶刀

陽武劍

劍 陽武用

右劍銘四字攈古一之二同范地理志陽武屬河南郡史記始皇東游至陽武博浪沙中又見積古十

敔戈

敔之造戟

右戈銘四字攈古一之二異苑文見積古八

大矛

馬

戈

右矛銘二字象形攈古一之一馬戈句兵異範今玩此器作形實矛也較它矛為大

高陽斧

高陽

右斧銘二字

幼衣斧

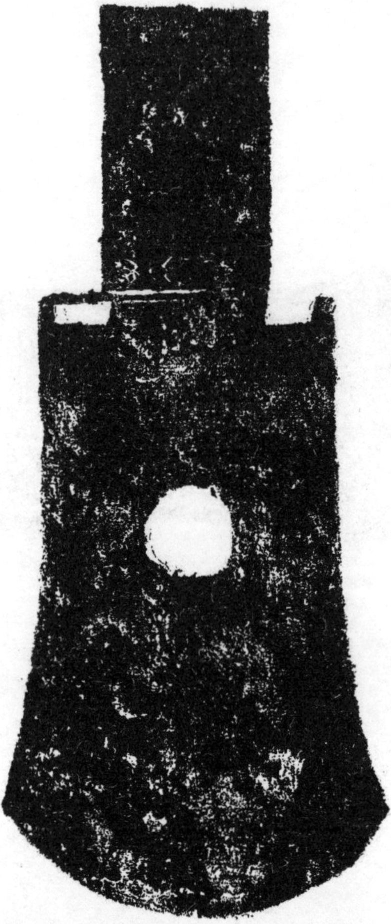

幼 衣

右斧銘二字積古八攈古一之一異范彼幼作𢆶即黝〻衣侍衛官趙策願令得補黑衣之數是也

嘉魚劉心源幼丹甫學

補泉布文上

鏟形布

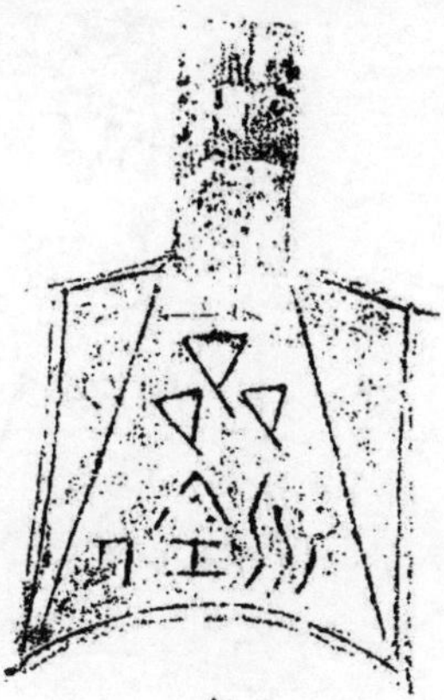

川
㕣釿

背

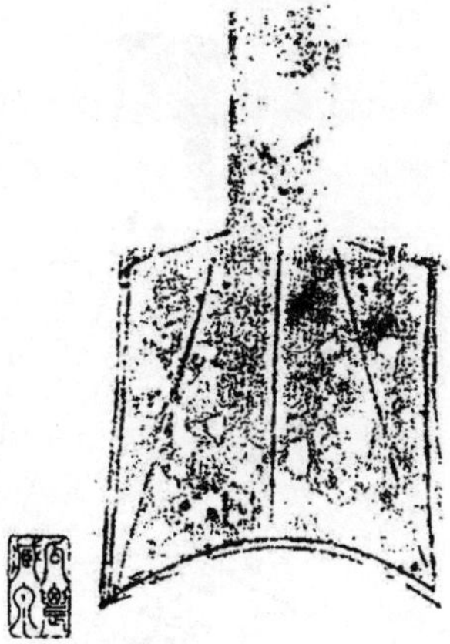

宜

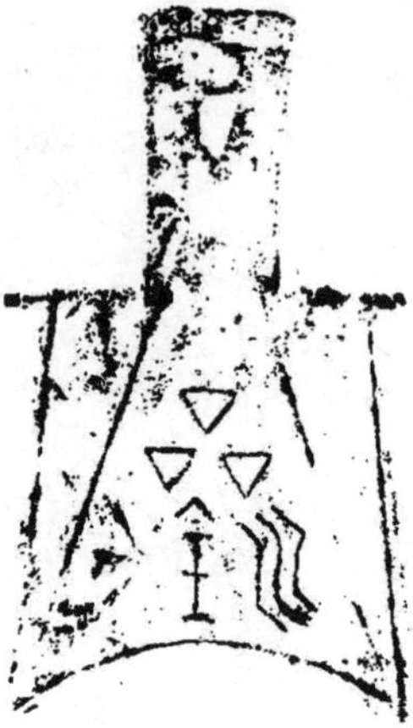

厽川釿

压

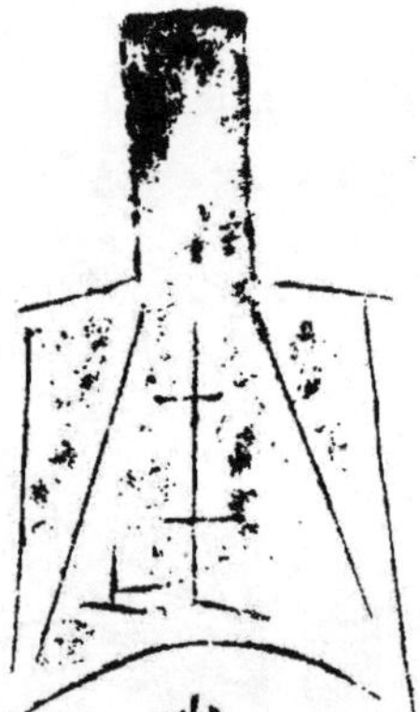

武

⿱宀立

宋

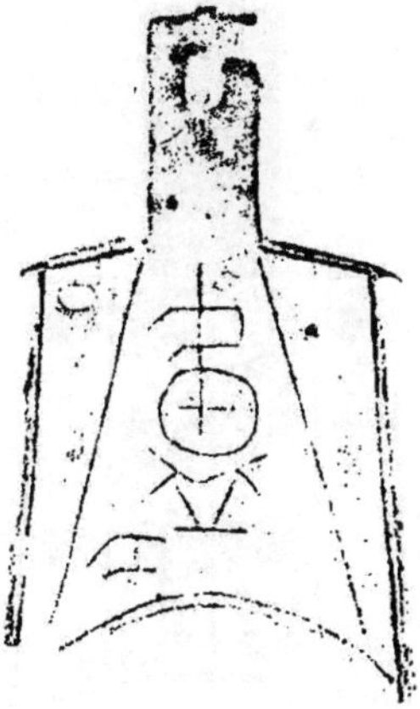

盧氏

土

来

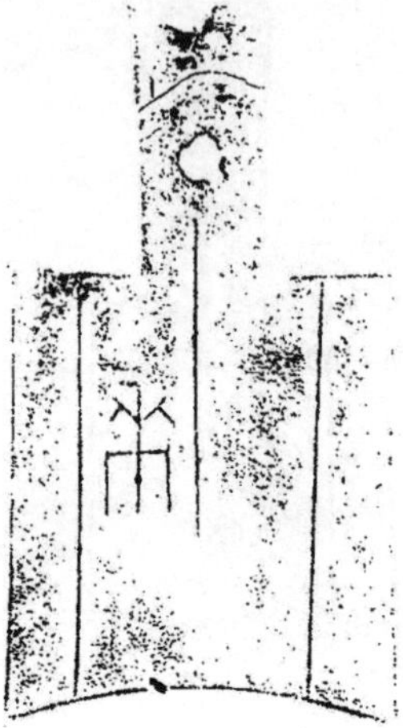

帚朱

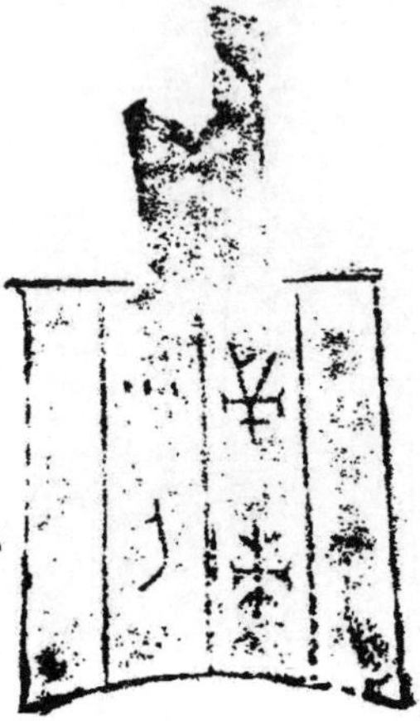

小匕

嗌

帚朱

小匕

鏟形布

三

鬲

安臧

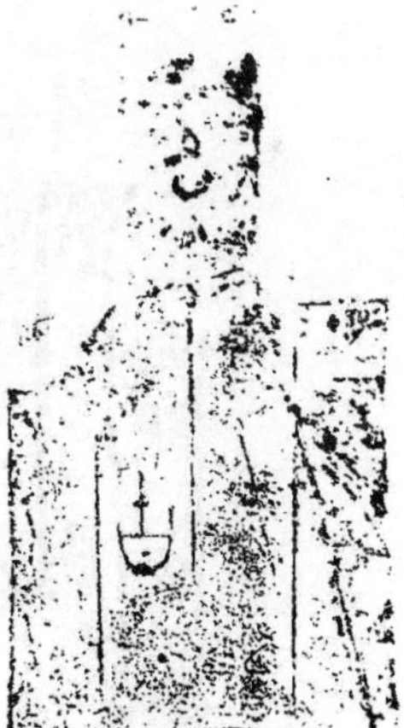

古

安臧

右十七品背皆三線無文貽一存式餘不采後皆仿此所補泉布文有不箸釋者係已見十二十三十四卷中其別出者則釋之文拓本得之濮瓜農大令贇懋者什九布鄧定丞太守承渭周佩之大令賡壽張公束大令鳴珂臧本之頗相餉皆不暇標別用識於此不沫厥綦云

方肩方足布

釜涅

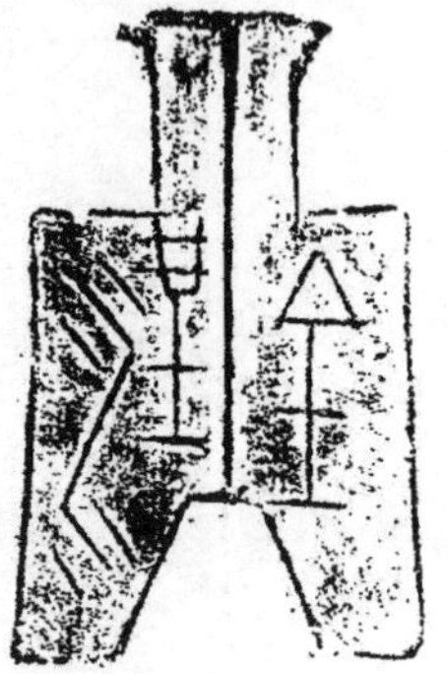

背

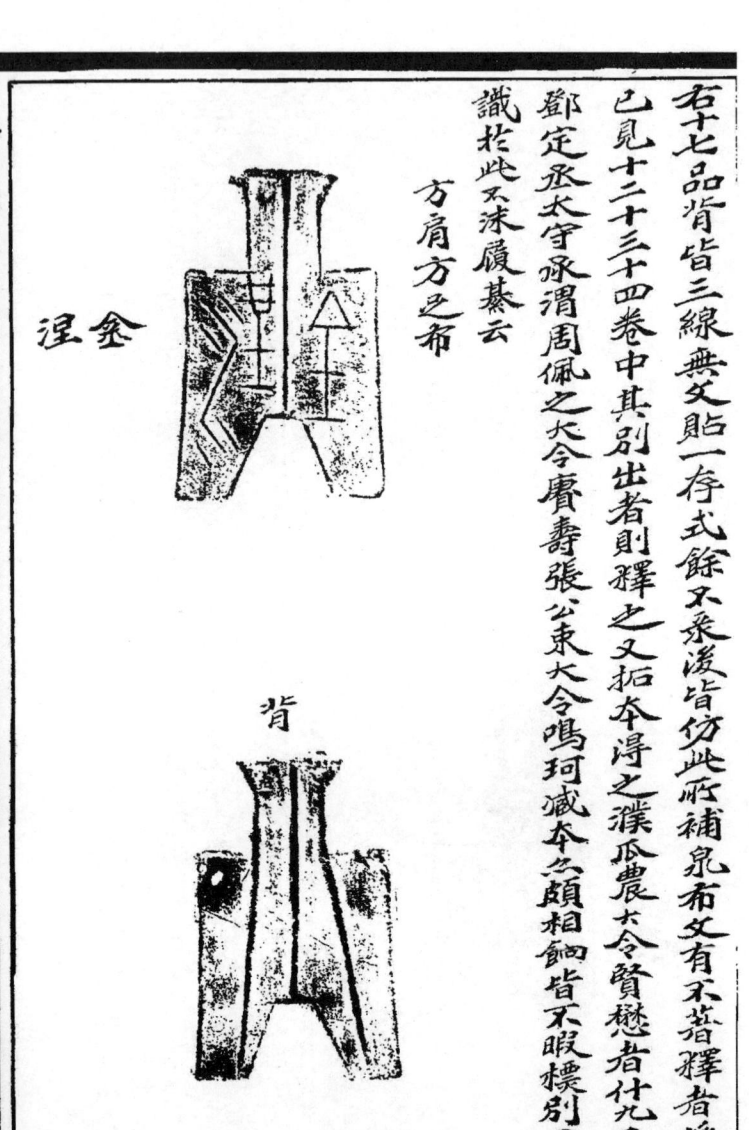

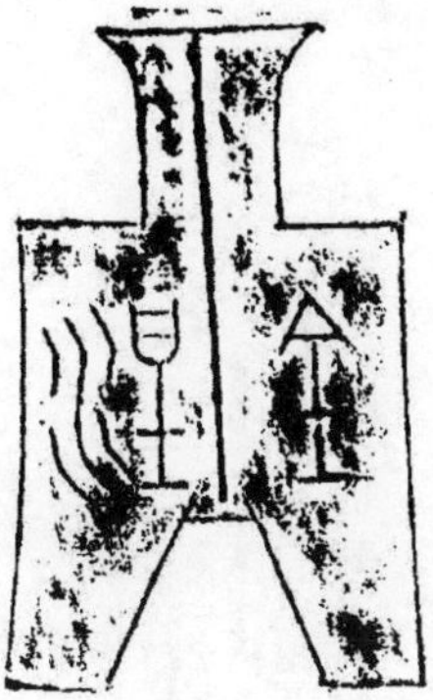

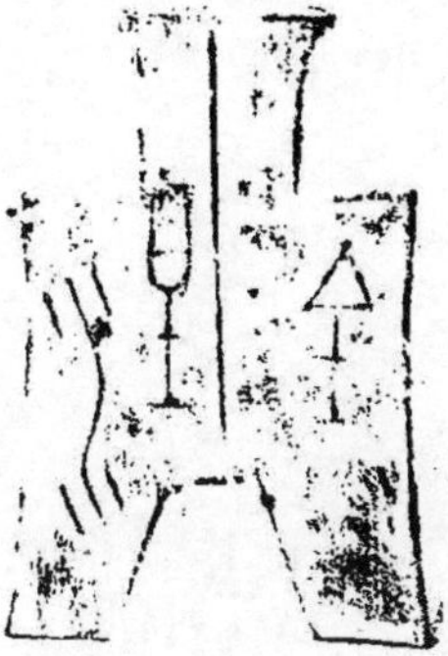

釋竝同上

右四品皆無背文

背

十儥

枎○尚釿

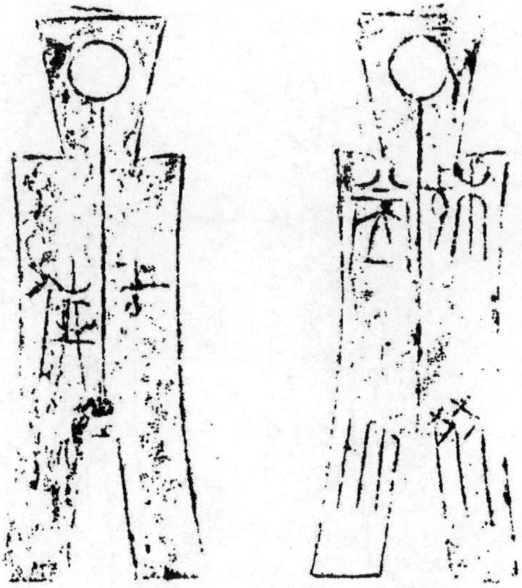

釋同壽

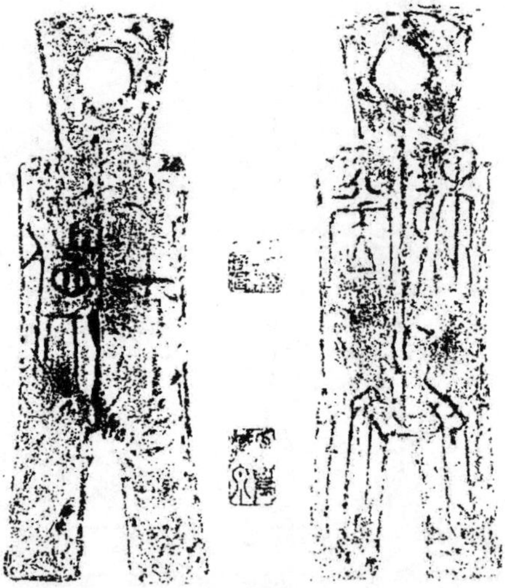

釋同前

方肩方足布

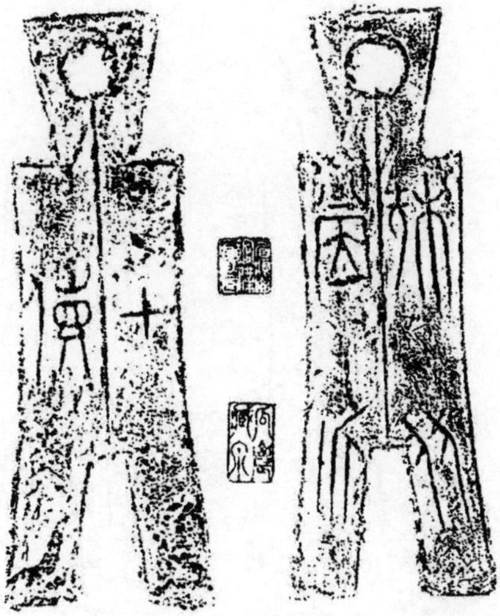

釋同莽

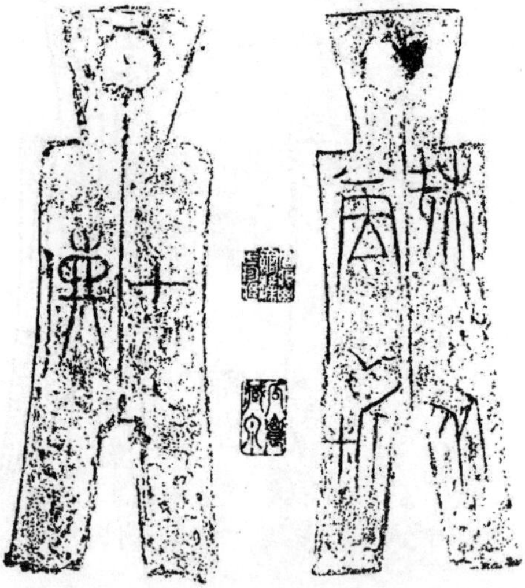

釋同歬

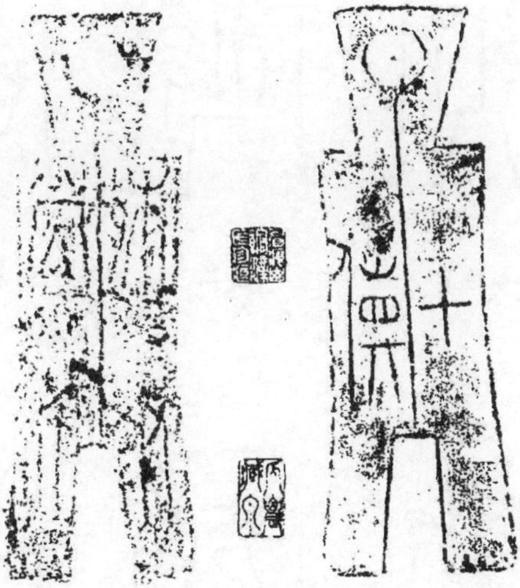

釋　同　每

右六品形製較長林行近人釋殊布其失太遠吾呂上一字爲枎下一字闕疑細審从土从古文奇字人說文堯古文作㚧此當是𣏟乃橈字下當是坊堂字所从也

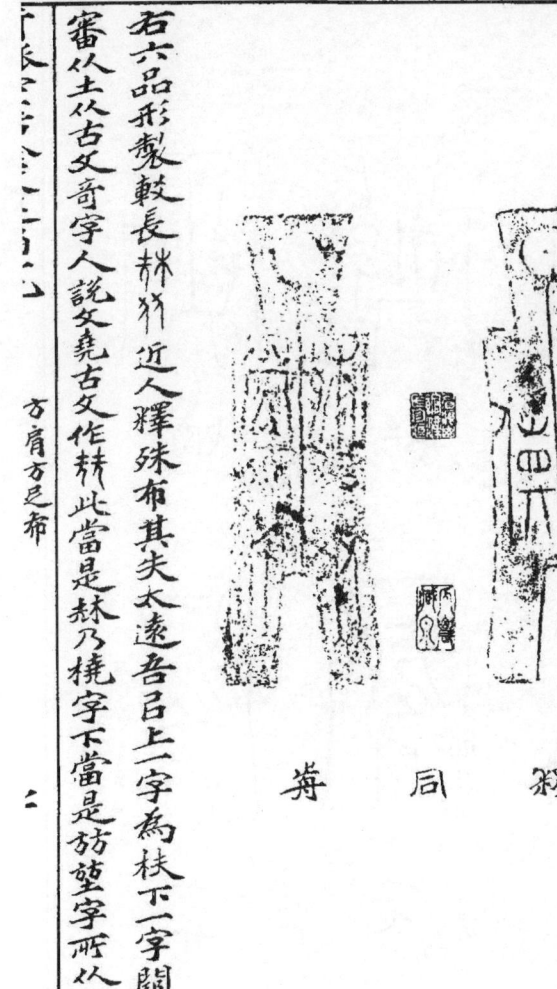

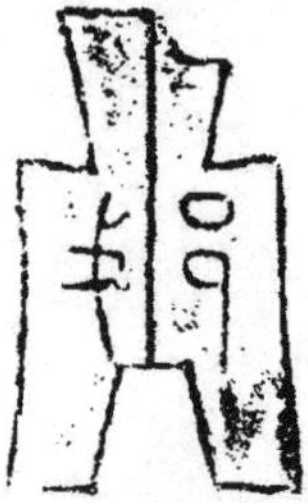

戈阝　戈阝　戈阝

一分　一分　一分

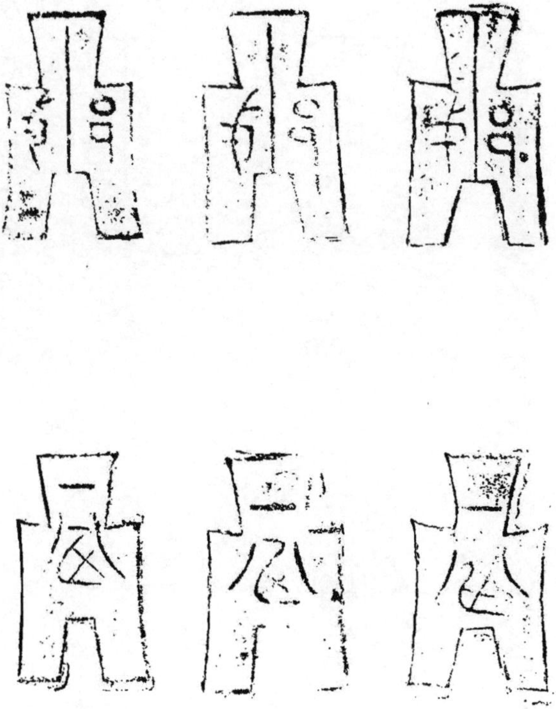

釋並同前

右六品近人釋戈邑二字余呂陸氏鍾明〻有[illegible]从邑从戈知此布是郑分从乇反

刃字与刃同意說文利古文从刃可證

𩂣

𩂣

𩂣

𩂣

右四品說文雨部𩂣雨零也从雨各聲即此或借為洛不必定是露省

郎

郎

鄔

背

鄴

郎

郲

郲

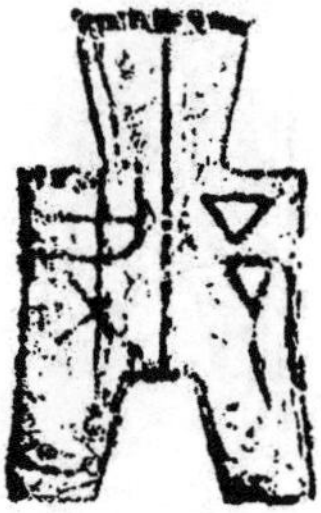

鄹

涅

郲

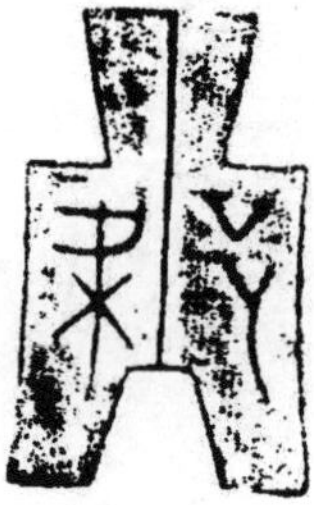

鄹

涅

閔

閔

豐

閔

閔

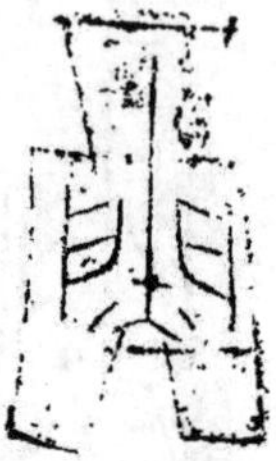

閔

右十八品內鄴郝閔吾釋与近人異鄴从邑呂大梁鼎作郘閔与藺同聲此二字更無可疑惟郝字尚不甚碻布文从朩从𣏟細審非木字之脚木篆作朩下體決不从朩惟朮字从之作𣎳布文疑是从邑从朮之地名久決不是郝也

平陽

背

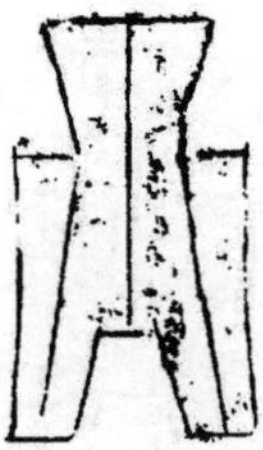

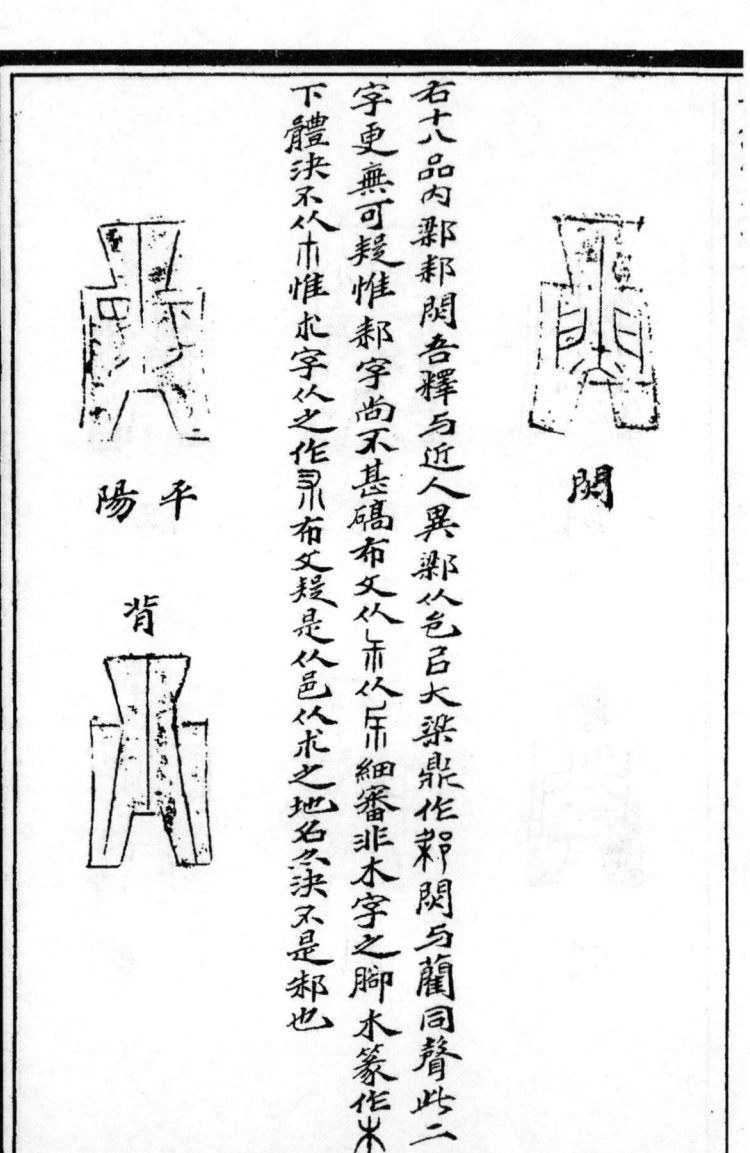

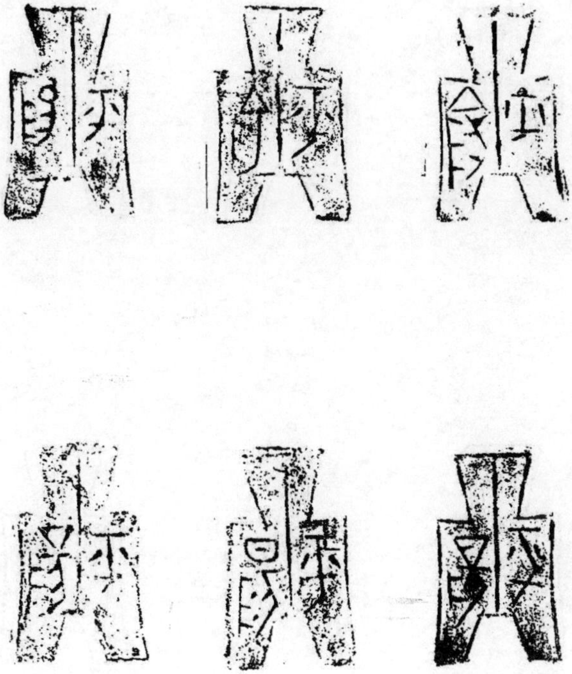

釋同前

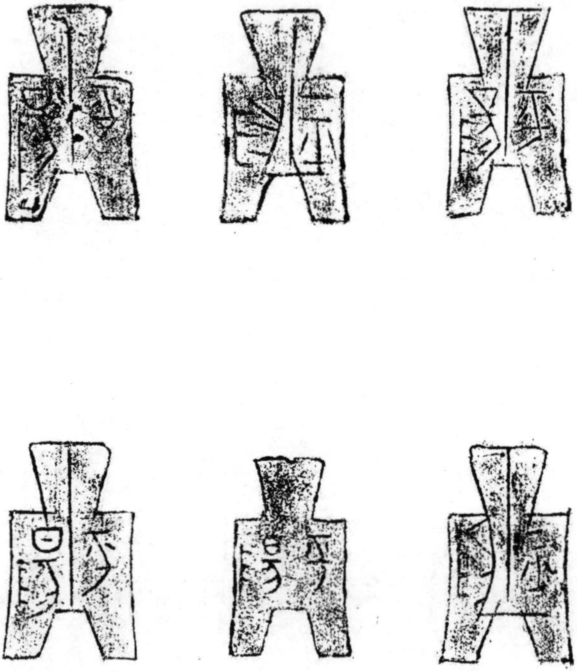

釋同前

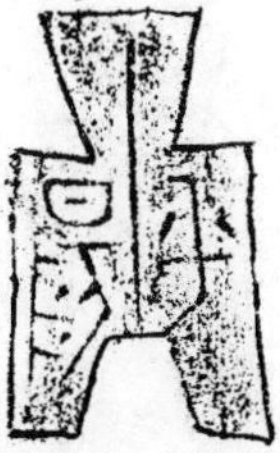

右十五品此布甚多不勝采

釋同前

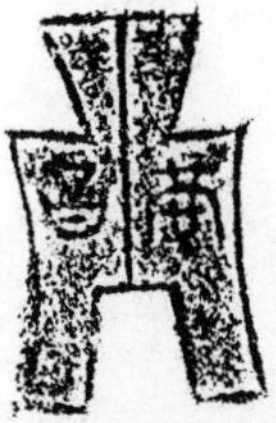

恭昌

背

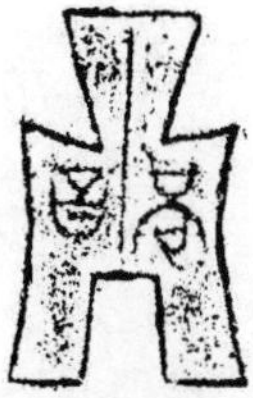

恭昌

右二品此布甚少

安陽

背

釋並同前

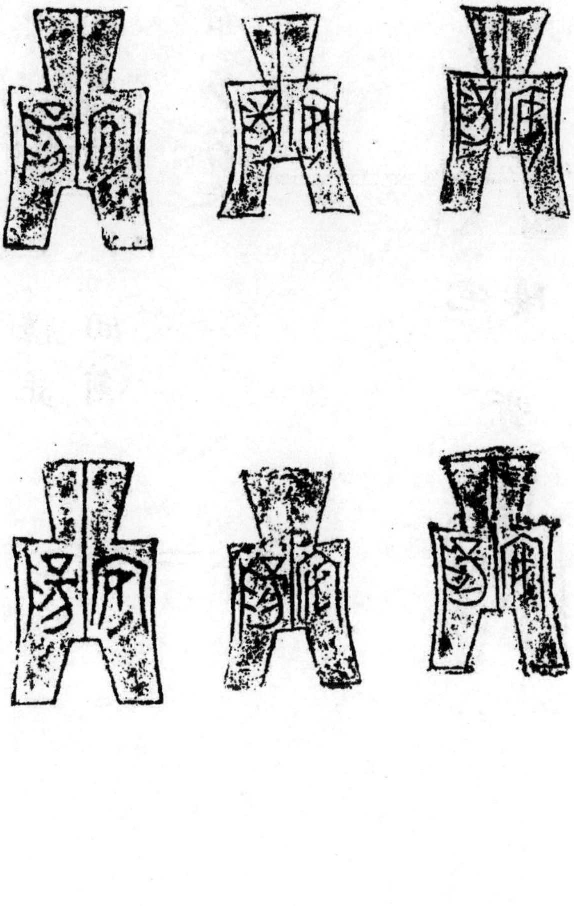

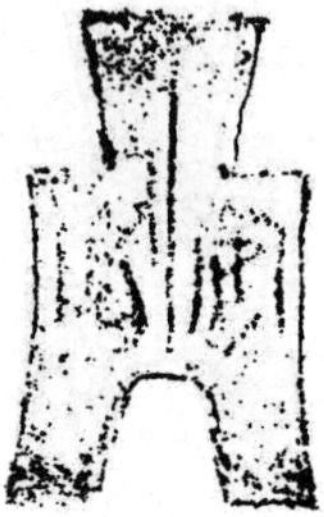

釋並同前

右十二品此布亦多不备采

宅陽

背

右四品末一品两字者

釋同前

釗陽

背

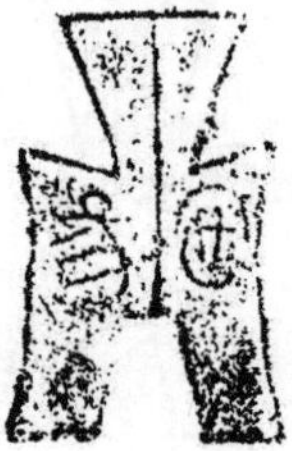

匋陽

長子

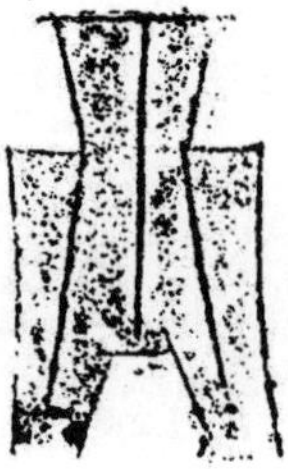

右二品陽字省陶陽地名未詳古泉滙引禹貢陶丘案說文陶再成丘也在濟陰有堯城堯嘗所居故堯号陶唐氏五子之歌疏陶唐皆國名猶湯偁殷商也

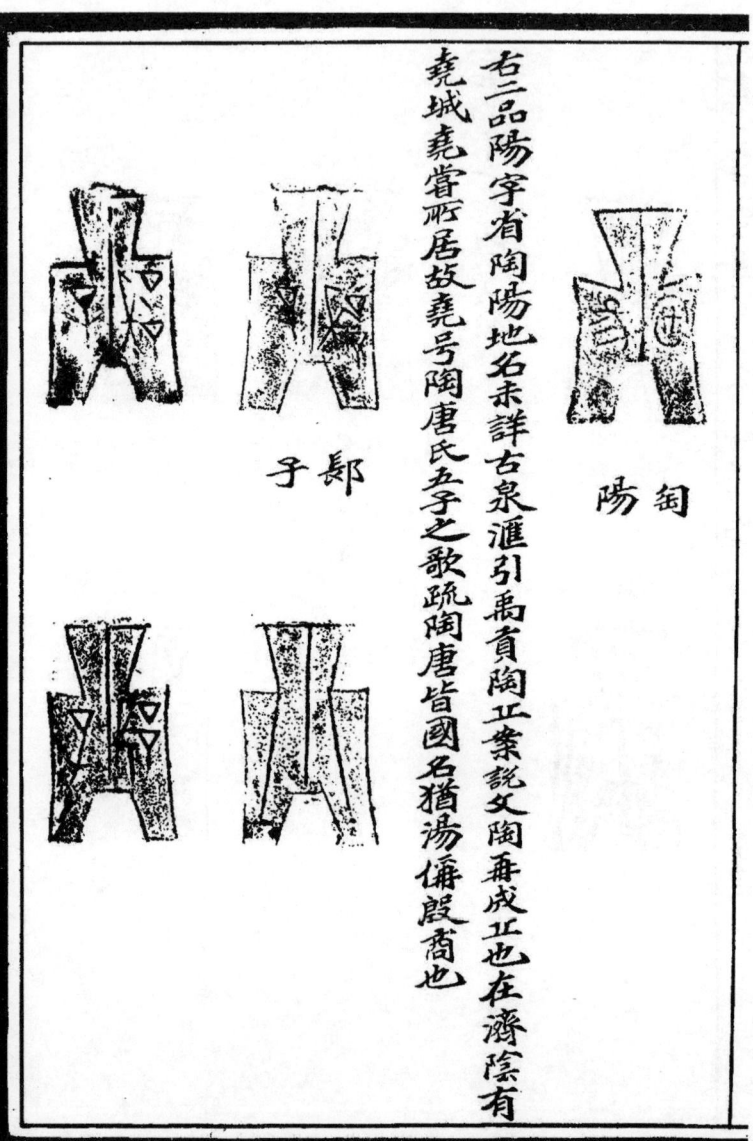

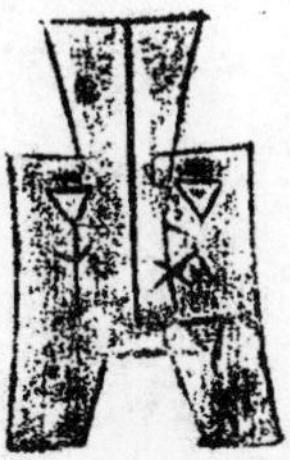

釋並同前

蒲子

右七品說文長古文作兏當呂此乏之作乏

釋並同前

右三品石鼓文彼字呂皮為之作㞒即此

皮氏

背

皮氏

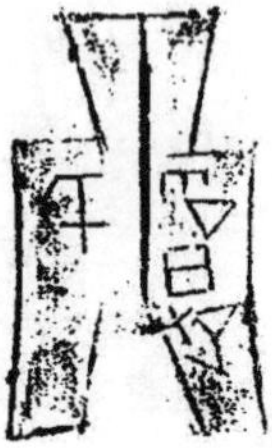

鄧氏

背

鄧氏

苏氏分

背

氏分苏

右四品鄧戓釋鄤鄩桊曼从冐尋从彐皆不淂从冐古刻受作冐从舟小篆省作

方肩方足布

受故說文受部云受从舟省聲今人習見真楷不知其原以解古文毫釐千里矣此布从日即月而斃斂書之昔又从邑為鄍字彙鄍同鄍集韻鄍而由切鄉名亦氏必有所本此鄍氏亦是地名

都高

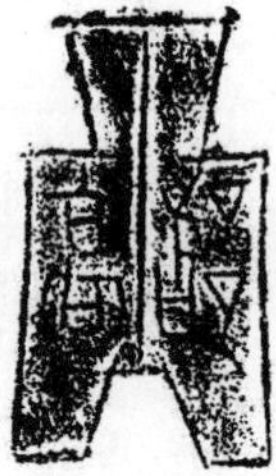

都高

中都

背

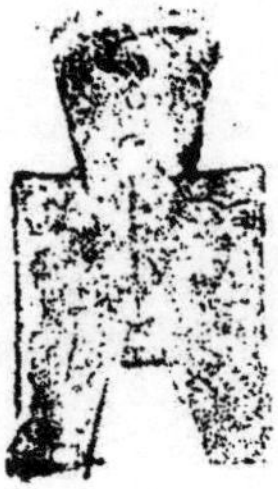

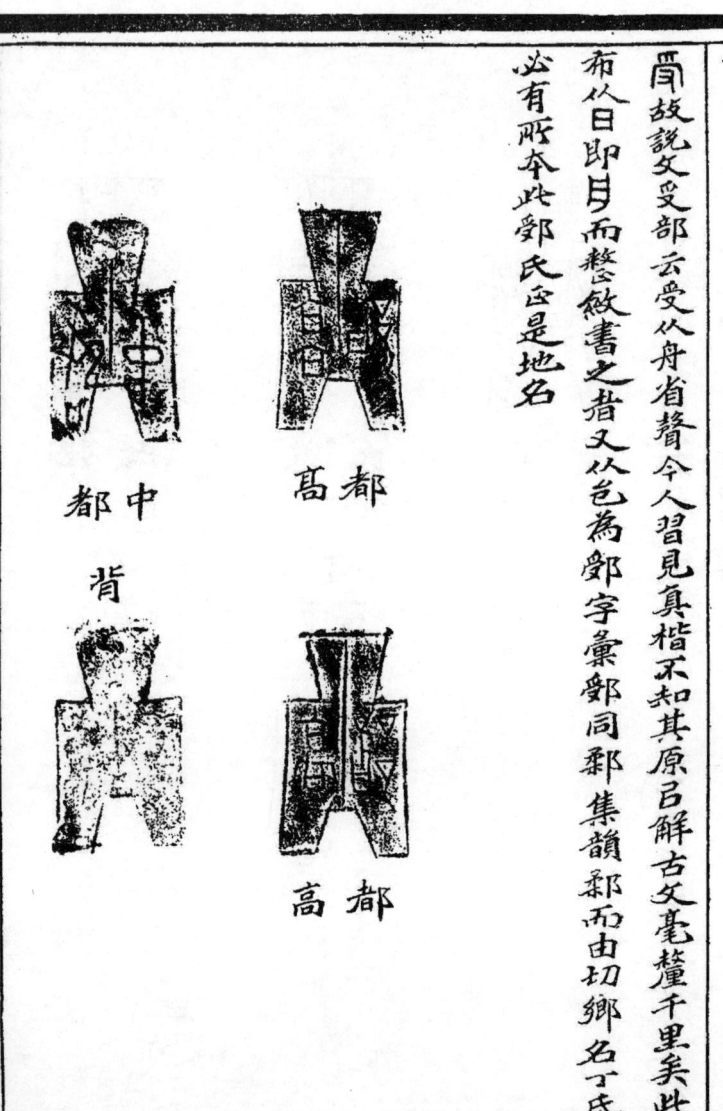

中都

是害

工貝

背

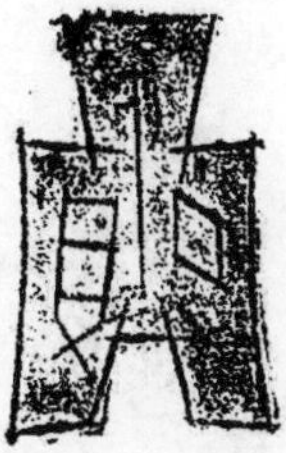

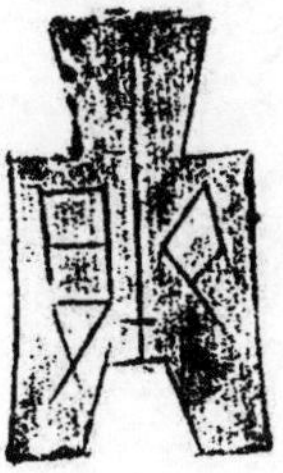

釋並同前

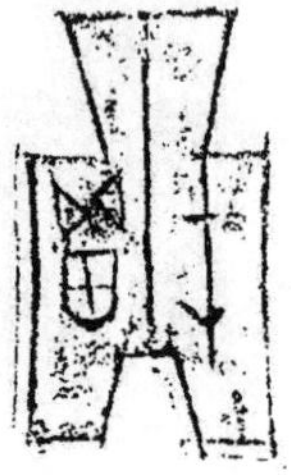

屯畄

屯留

陽魚

屯畄

馬雝

平周

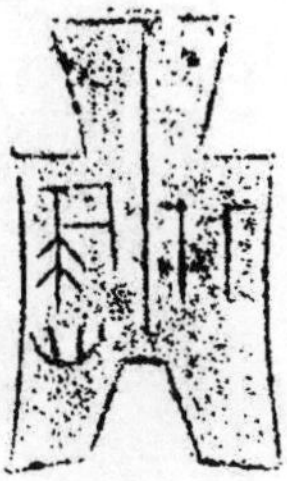

北屈

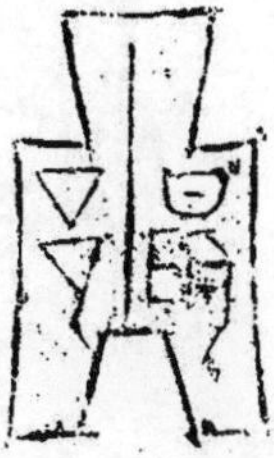

陽邑

平畄

背

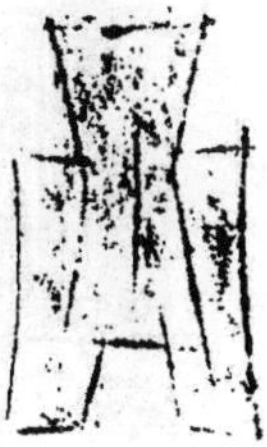

背

色陽

平陰

襄垣

平陰

襄陰

襄垣

右廿四品皆無背文

方肩尖足布

武平

背

二

武平

背

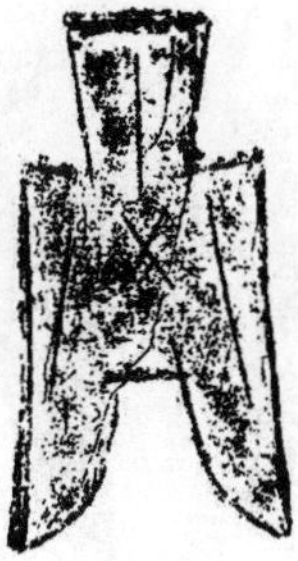

五

珠
氏分

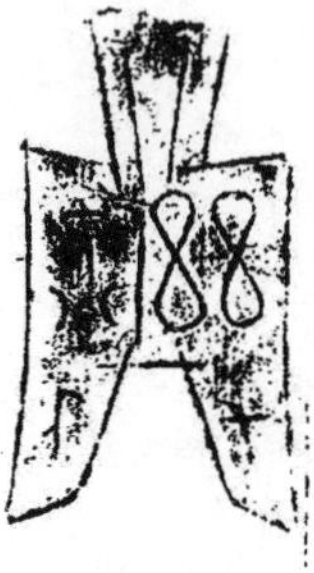

珠
氏分

珠
氏分

五

二二

三三

茲氏分

茲氏分

氏分茲

三八

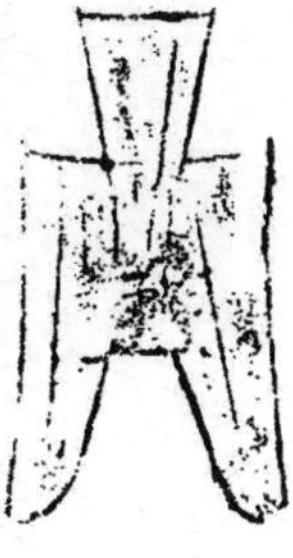

四二

茲氏分

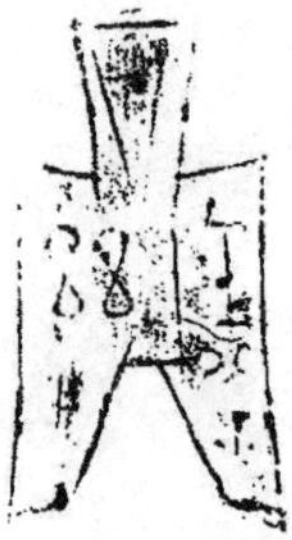

氏分 苏

氏分 苏

右十一品皆有背文末三品失太玩八九十一分字最明知近人誤釋也

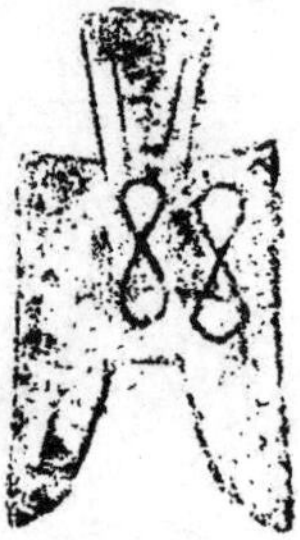

苏

背

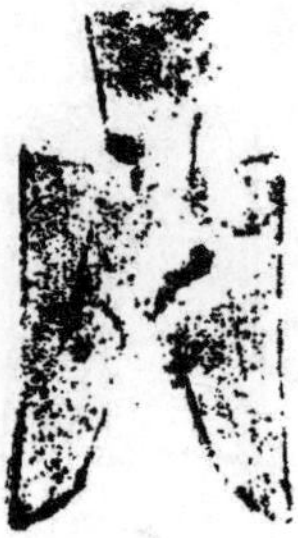

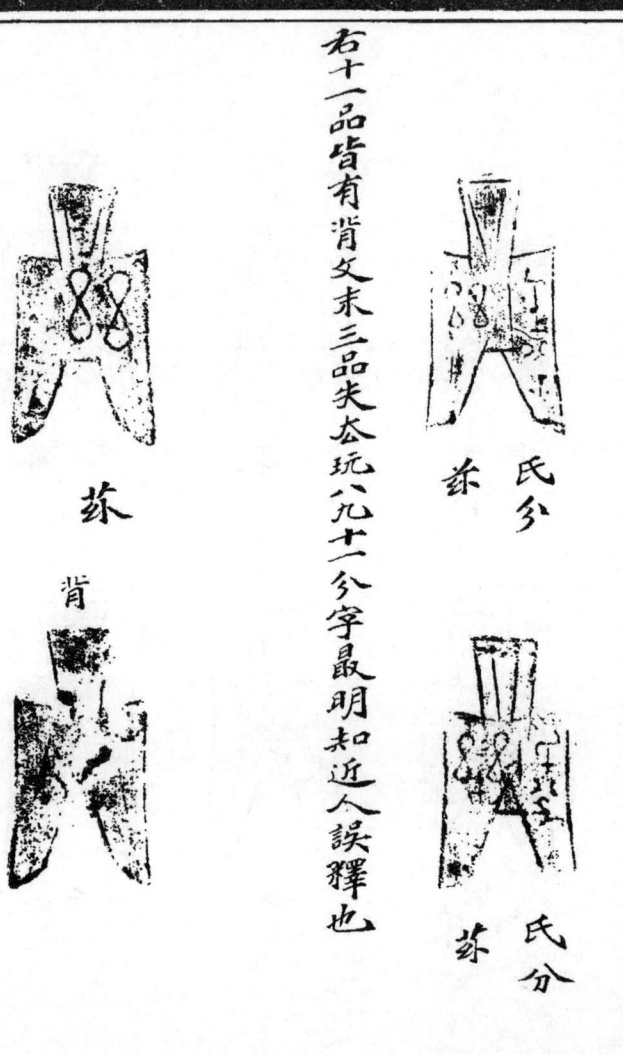

釿 北茲

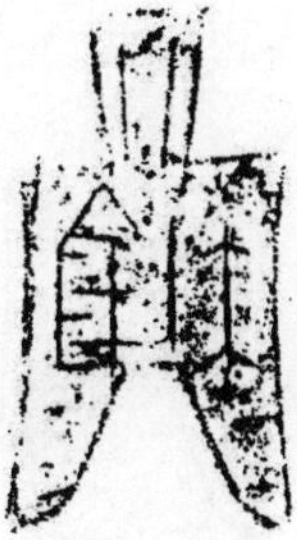

屄陰

屄陰

背

二

二

五

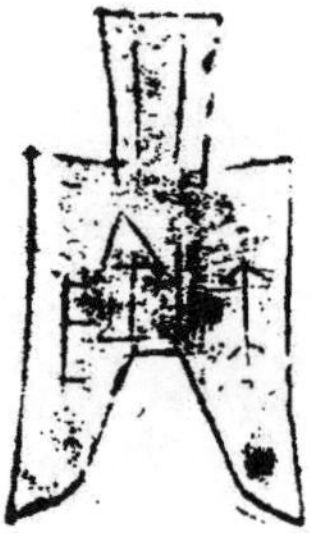

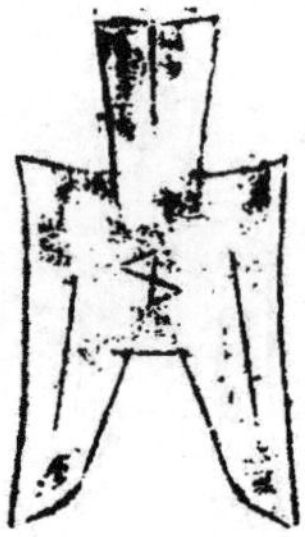

五

三五

釋並同前

商工

背

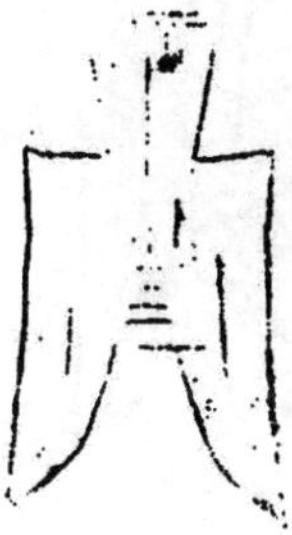

四四

工商

五八

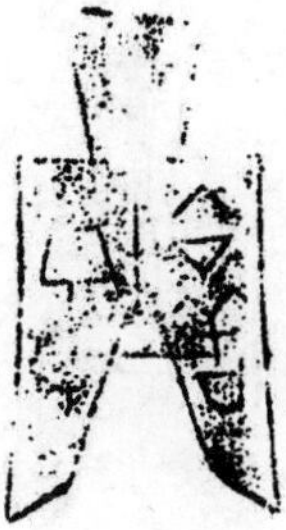

商工

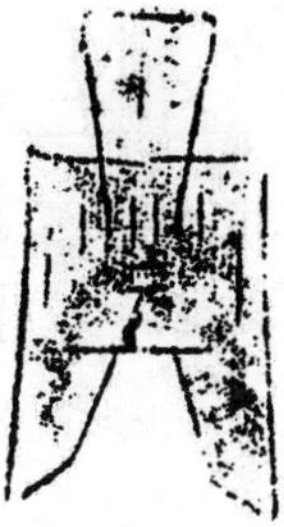

六二

方肩尖足布 又三

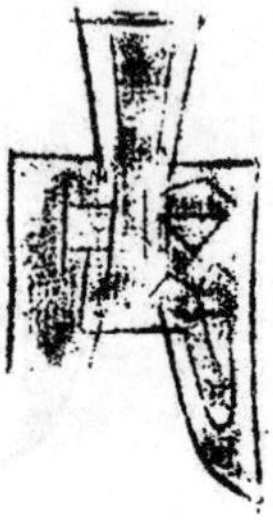

商工

六八

郛

背

○

郛

郛

陽文

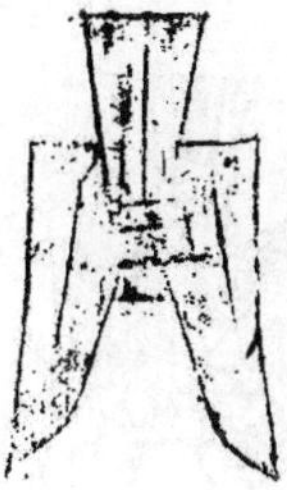

三

陽文

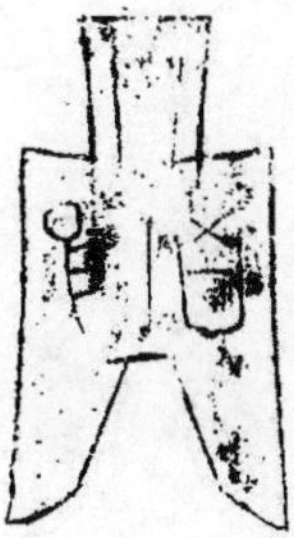

晉昜

背

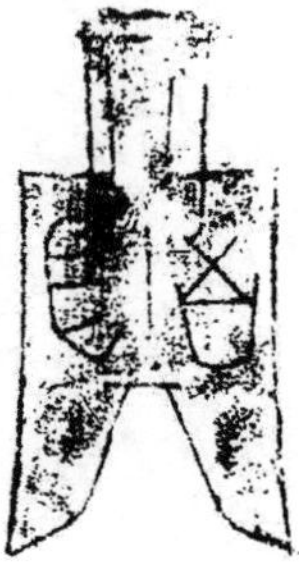

晋
昜分

釋並
同前

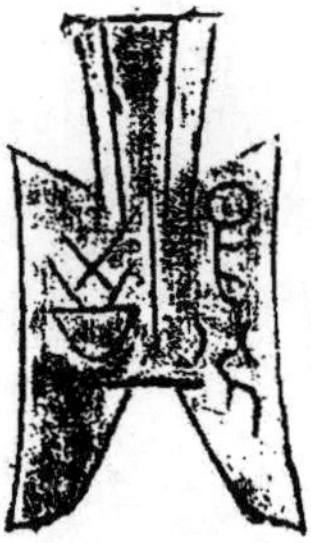

昜分
晋

方肩尖足布

周平

背

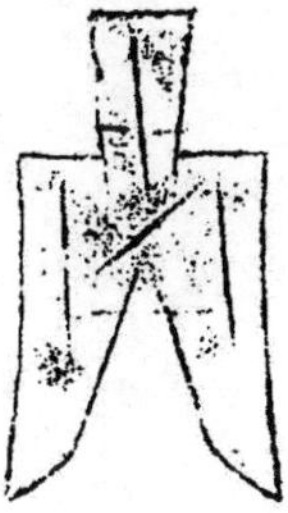

一

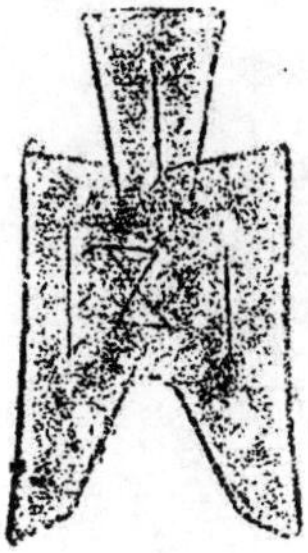

五

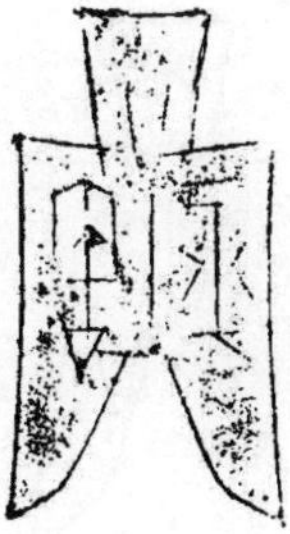

八

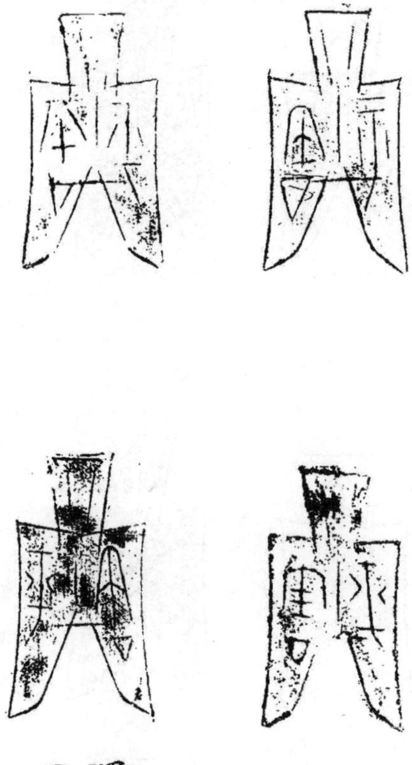

釋並同前

右三十一品晉陽末二布分字最碼釋八七者更有何說吾呂漢書地理志分字觧之可恍然矣十二卷方肩尖足布閔布下

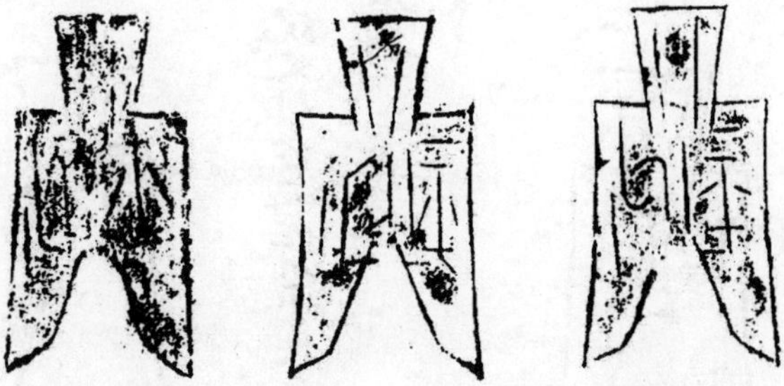

平州

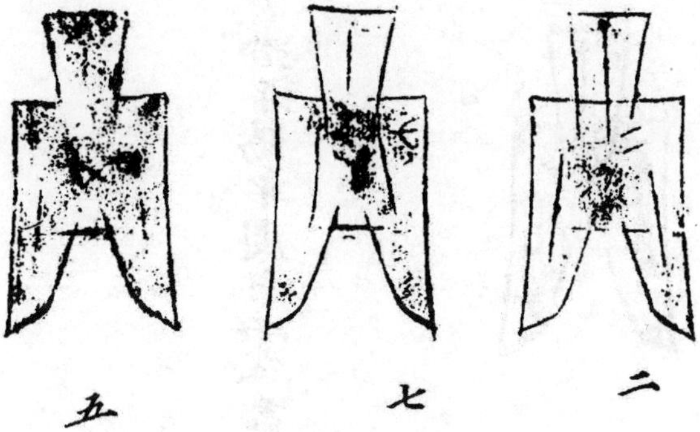

二　七　五

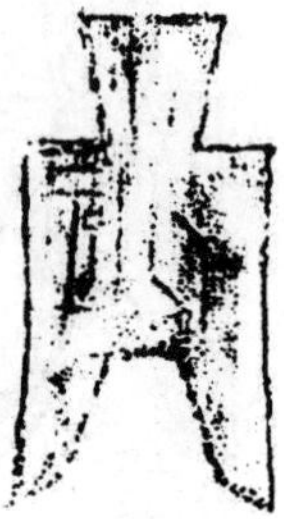

釋並同前

右四品平說文引古文作𠀭此平州布有作𠀭者平陽平周布亦然蓋从古文上也作平者省从一亐

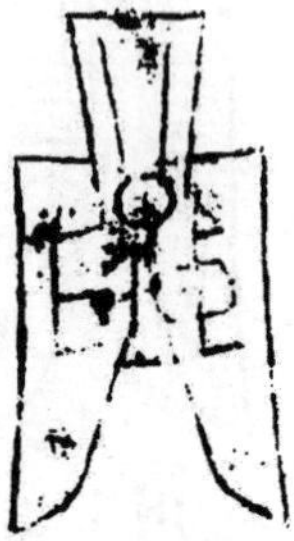

中陽

背

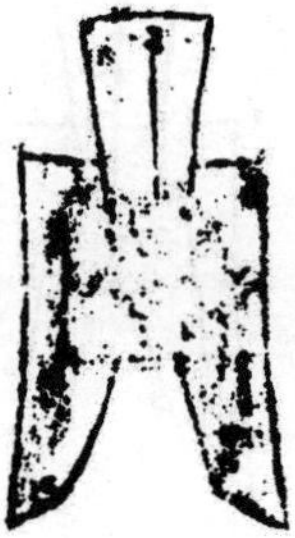

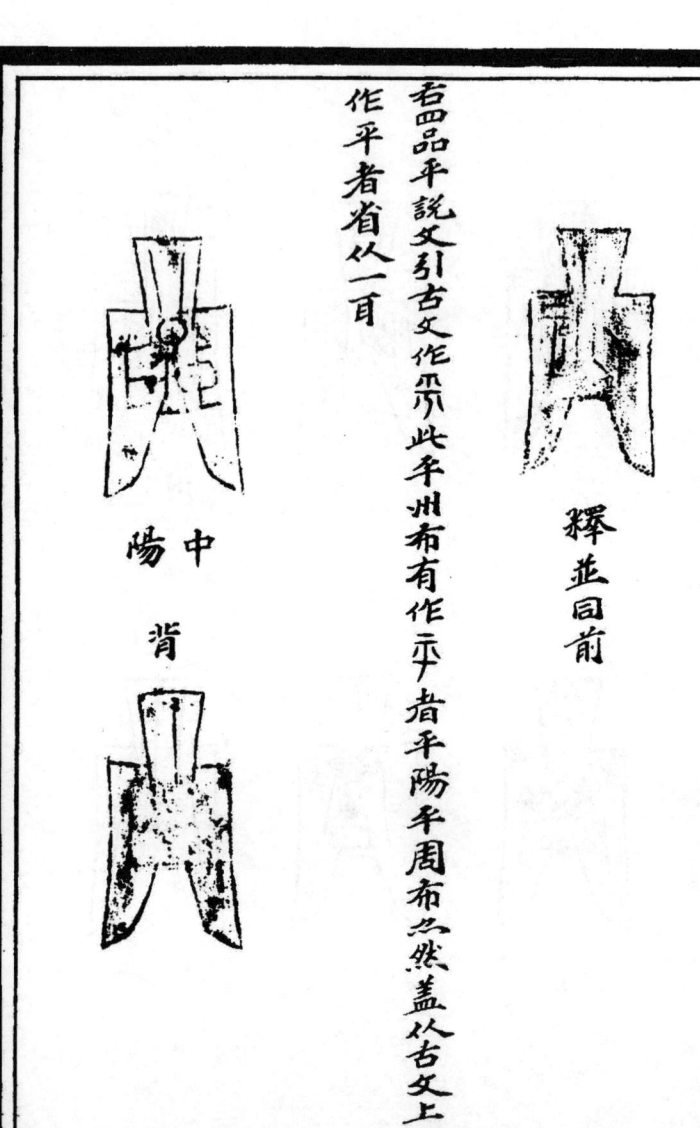

西都

背

二

西都

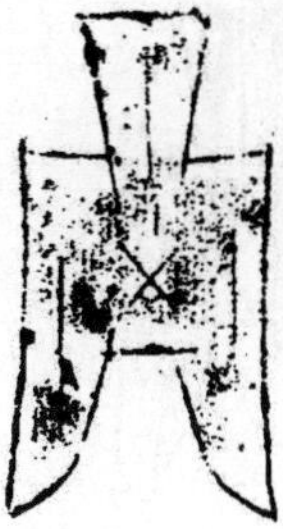
五

右三品玩此自字决非息所从之自也

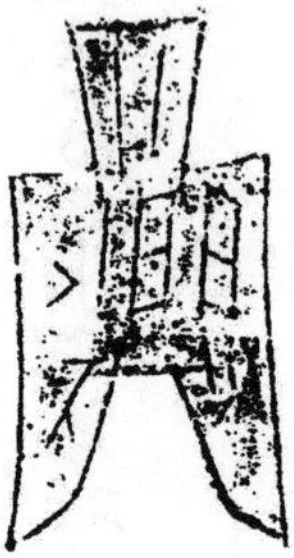

閔 分

閔

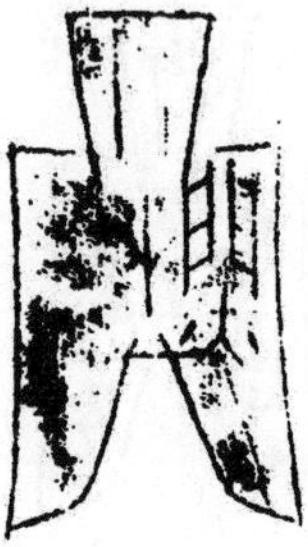

閔

背

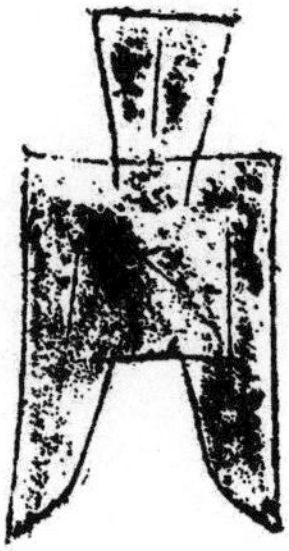

五

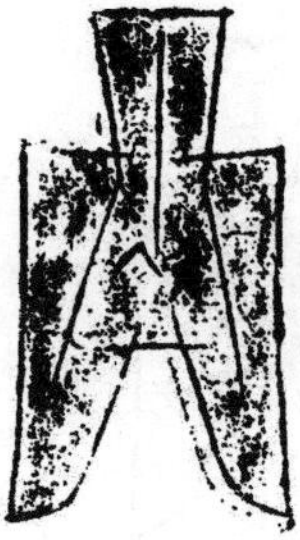

六

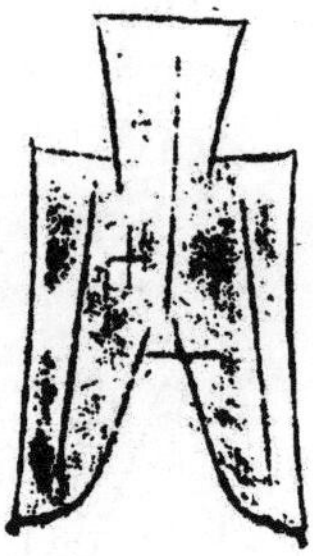

十

右五品有無分字者

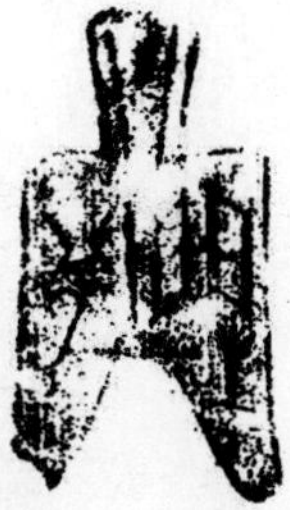

閱 分

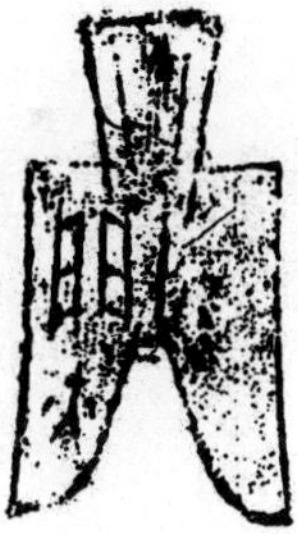

閱

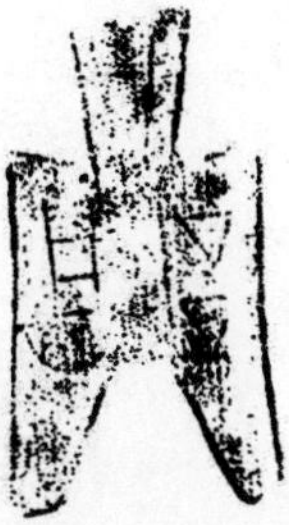

邪山

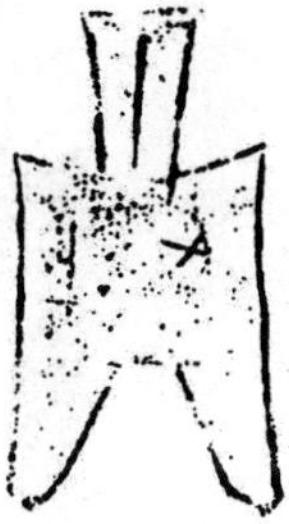

[illegible]

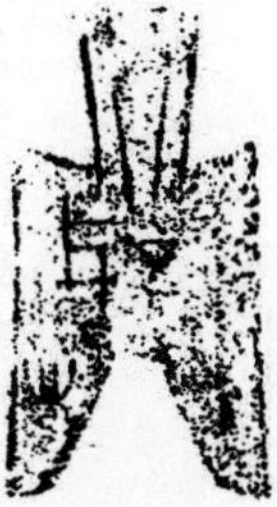

邪山

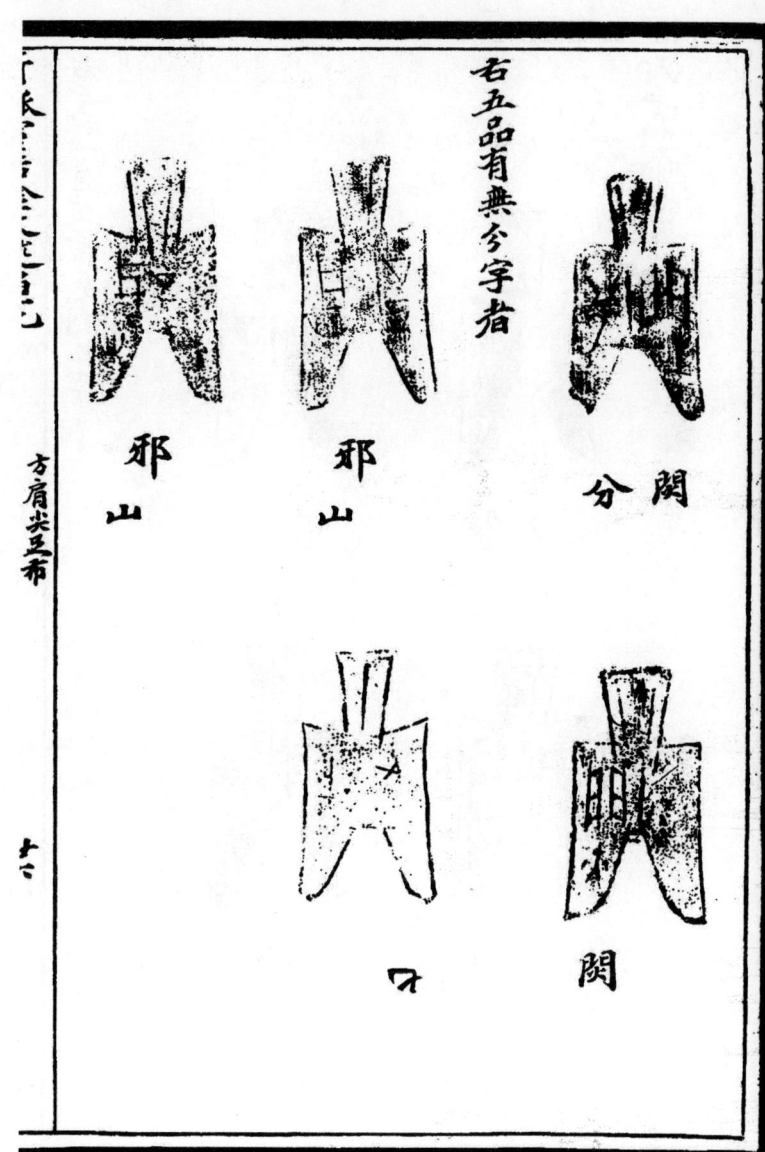

右二品一背文當是倒乙字

背

八

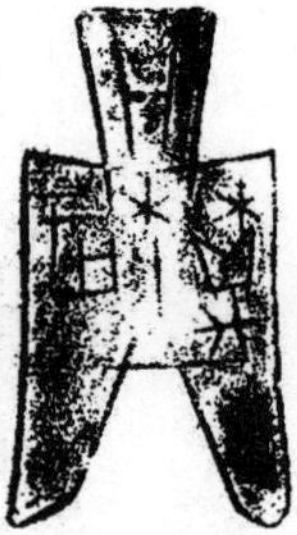

离石

右三品人字反書

圜肩方足布

安邑
一釿

背

安

右三品較後數品略小故文曰一釿

安邑
二釿

背

釋並
同前

安

釋並同前

右三品文曰二釿較前品加大

二釿 安邑

背

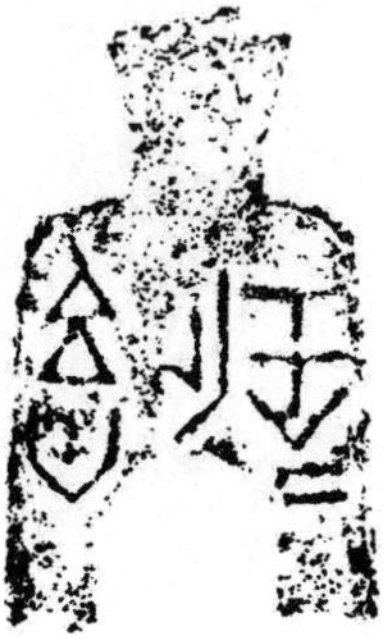

釋並同前

右八品文皆倒書与前品同惟背平無文為異

梁正
尚金
尚孚

背

釋同前

右五品皆無背文

釋梁充釿金尚孚

釋並同前

圜肩圜足布

閔

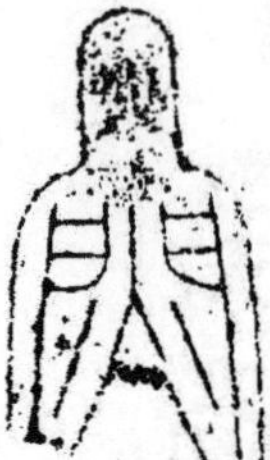

閔

氏 尗

卌一

卌四

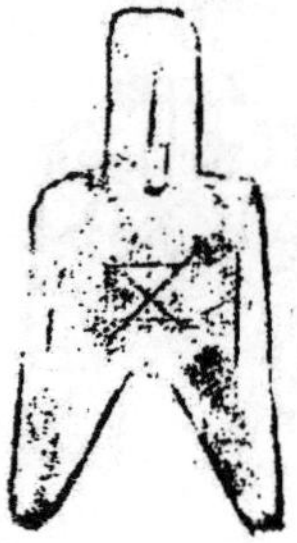

五

右三品世字已見於此布說文無惟䖃下說解有之漢石經手卌而見惡爲是已

齊刀

𠫓造邦端法化

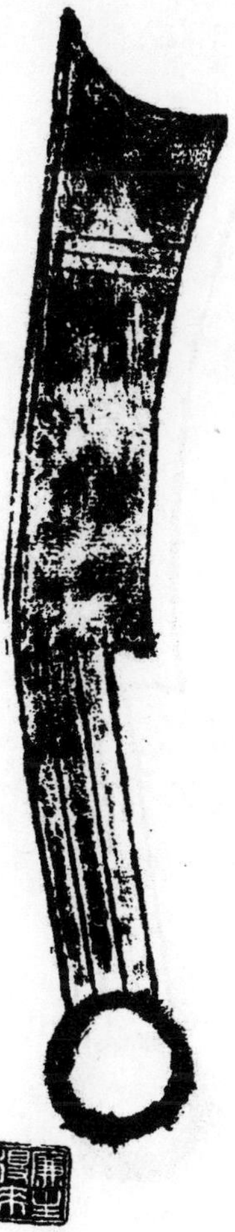

亝造邦端㳒化

右二品辰農贈本端字从立从㫐更眼近人釋就䏍不合篆形

厺造邦端法化

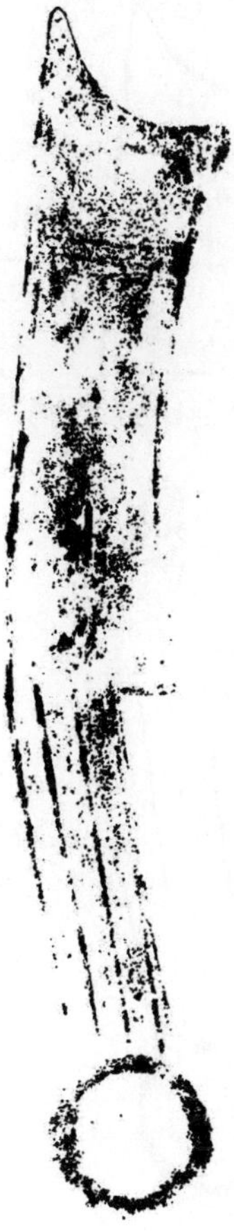

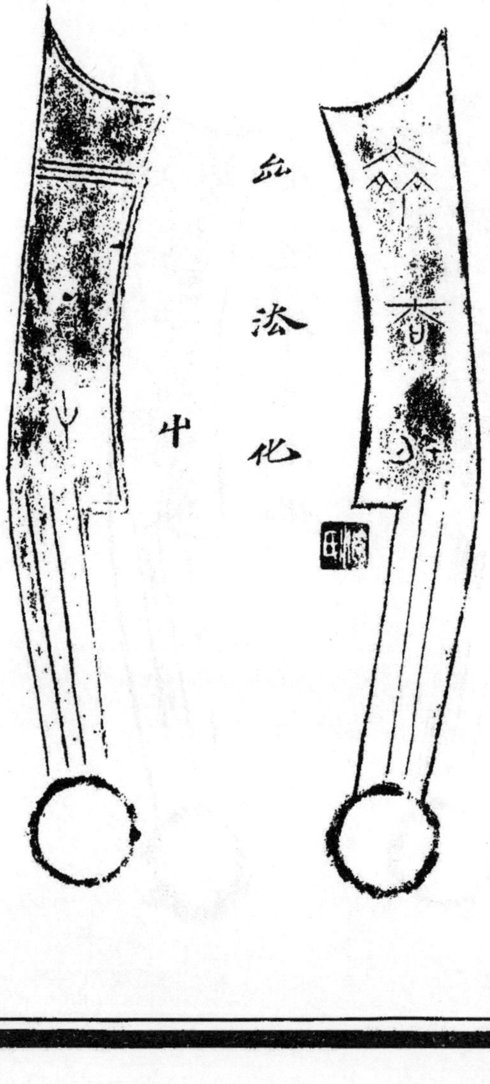

右一品光緒壬午得於鄠垣裝貼前卷時徧揆未得昨檢行篋出之急為補入壬寅十一月初七

齊刀

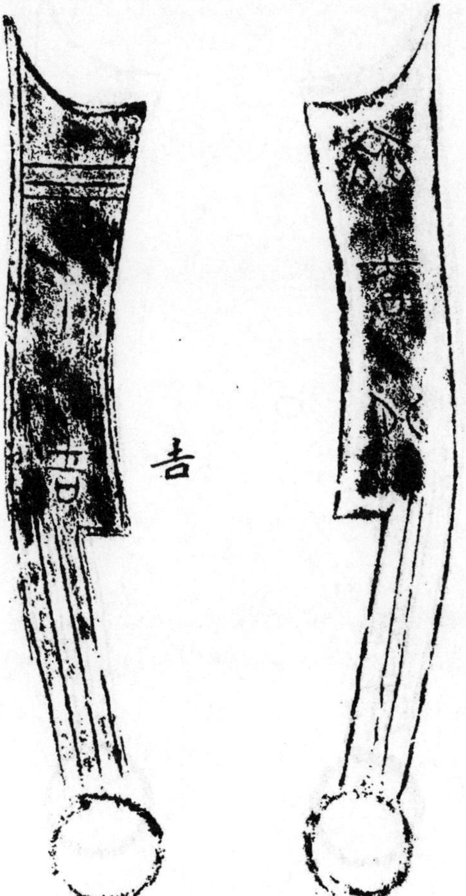

吉

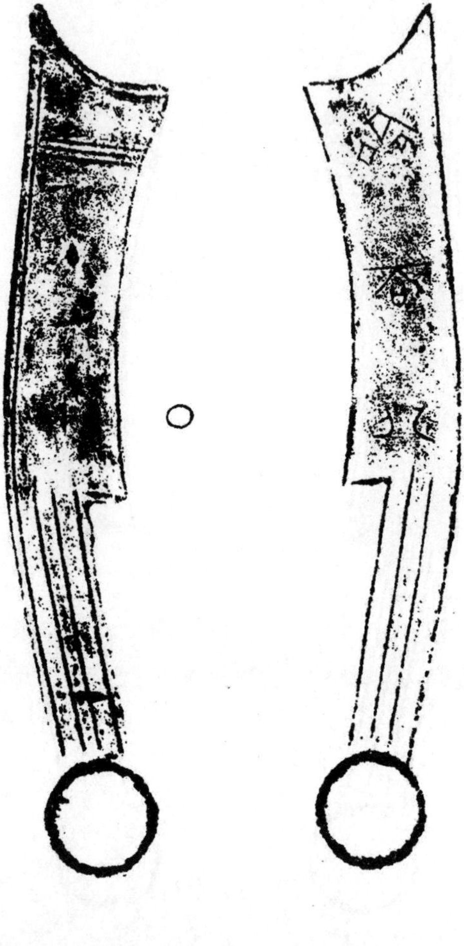

巠

行

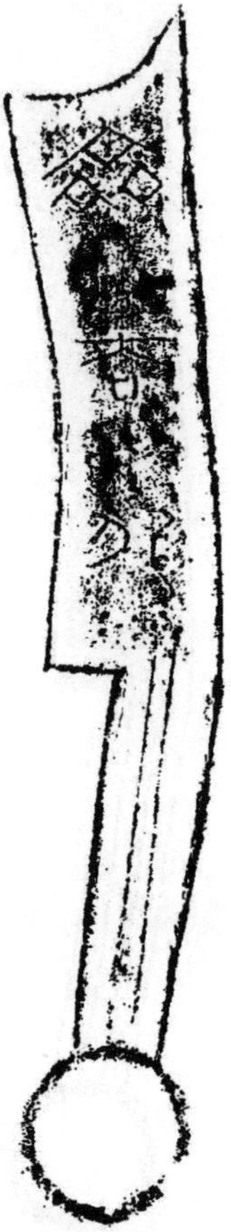

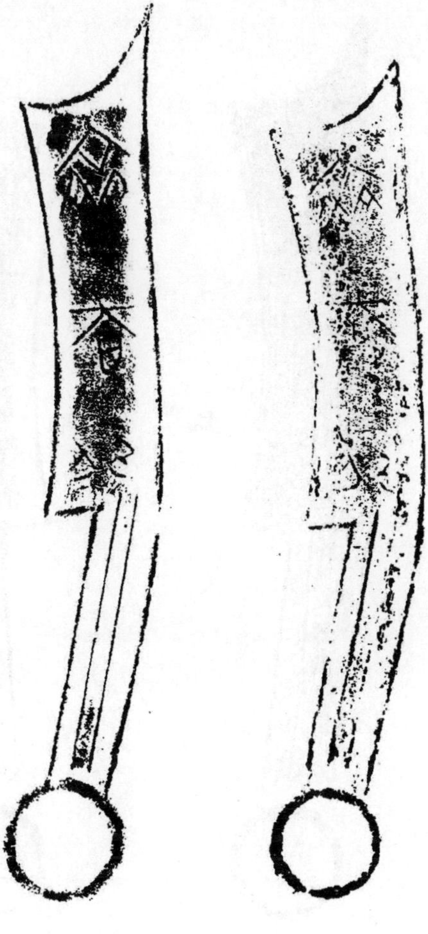

面文釋同

右七品末二品背無文未录

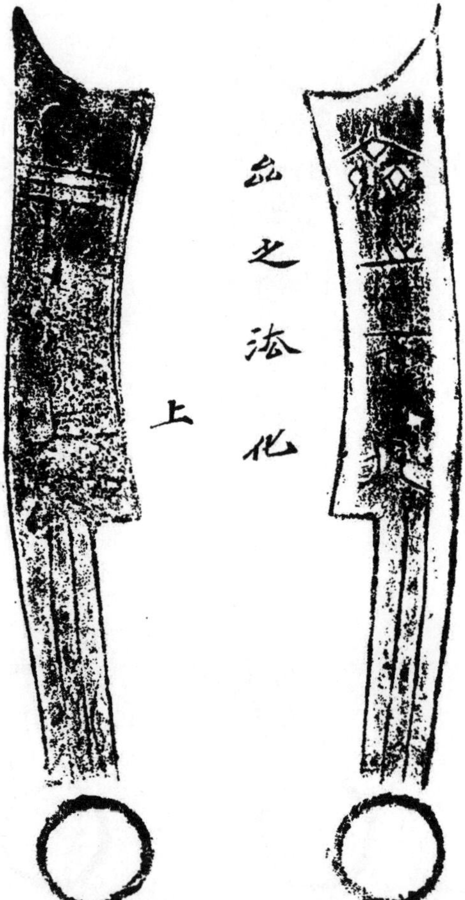

亝之法化
上

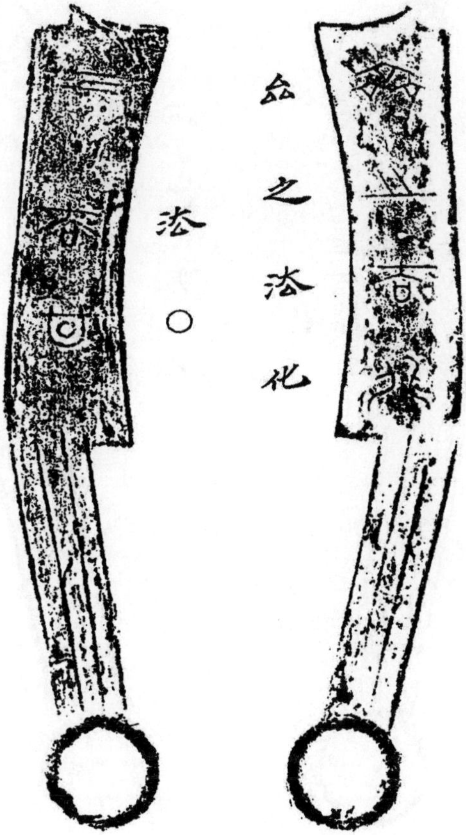

厽之㳒化

㳒○

右三品較前品面文多一之字

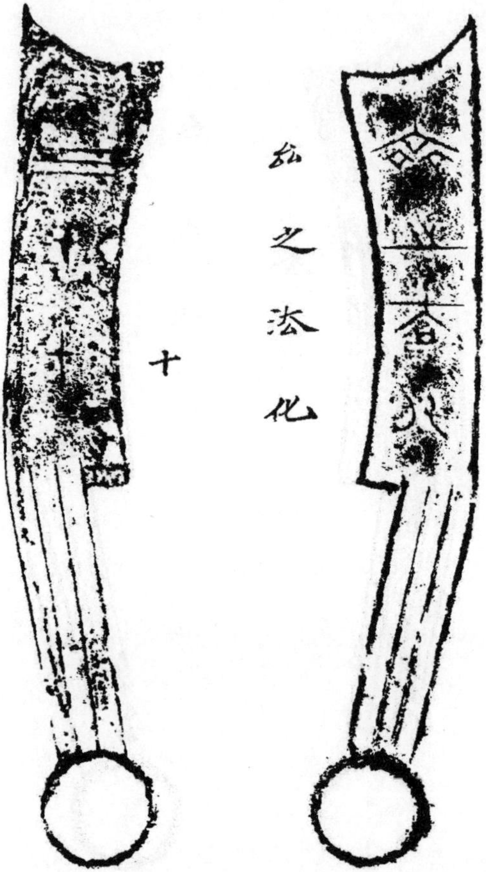

厺之㳒化

十

節墨之法化

工

安昜之㳒化

上

安昜之法化

化

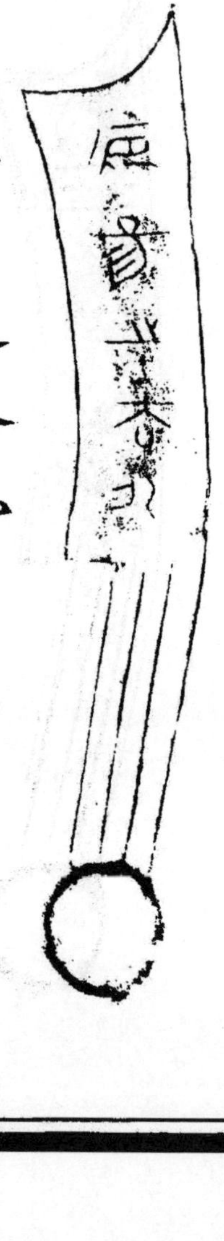

安昜之㳅化

人

右四品安昜刀即莒刀吾呂莒并於茲統名齊刀可矣

趙刀

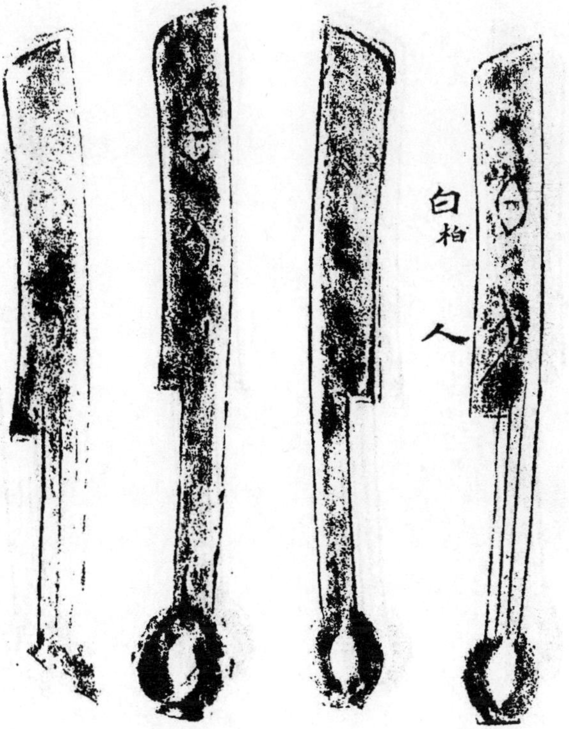

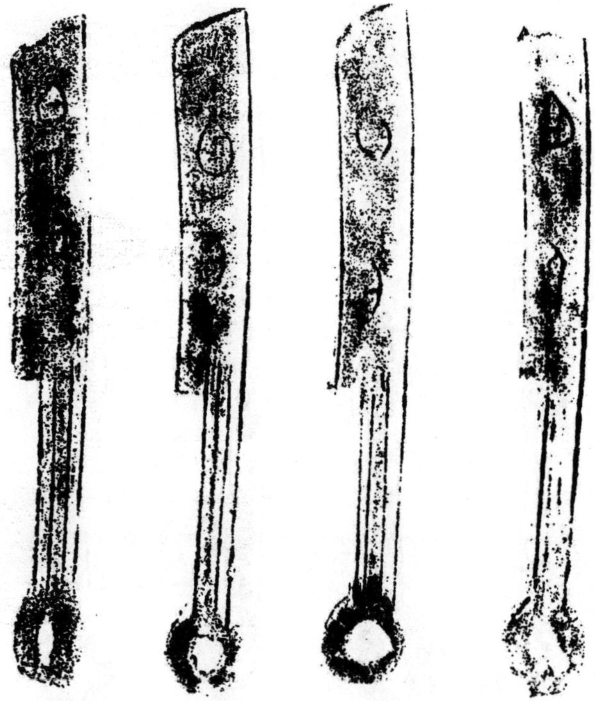

釋並同前

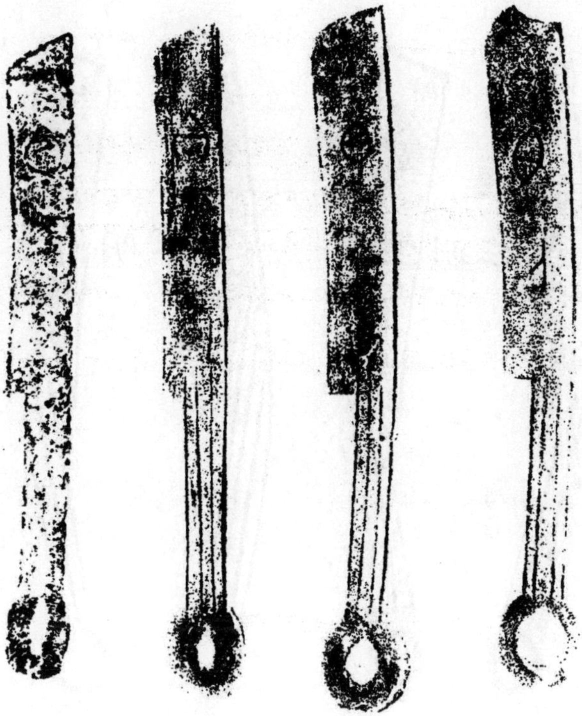

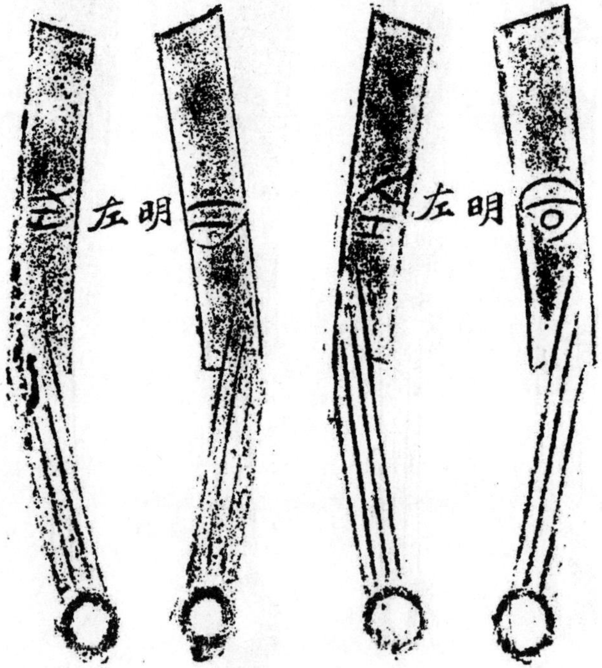
左明
左明

趙刀

四一

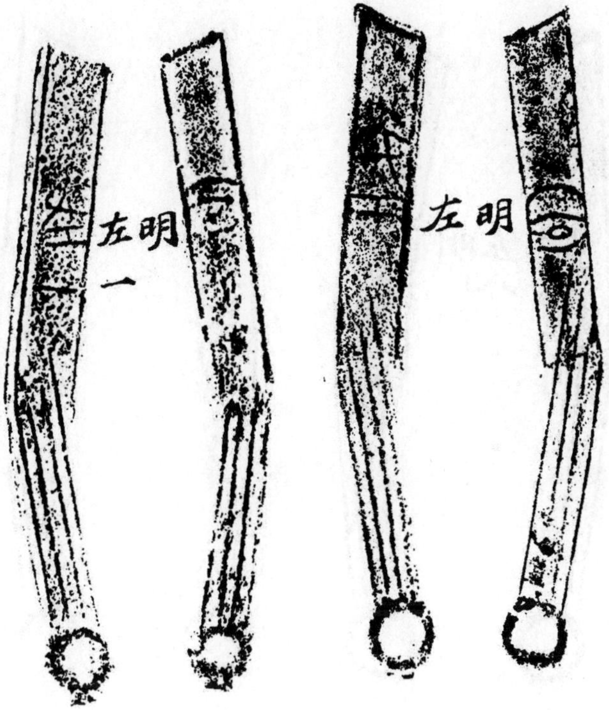

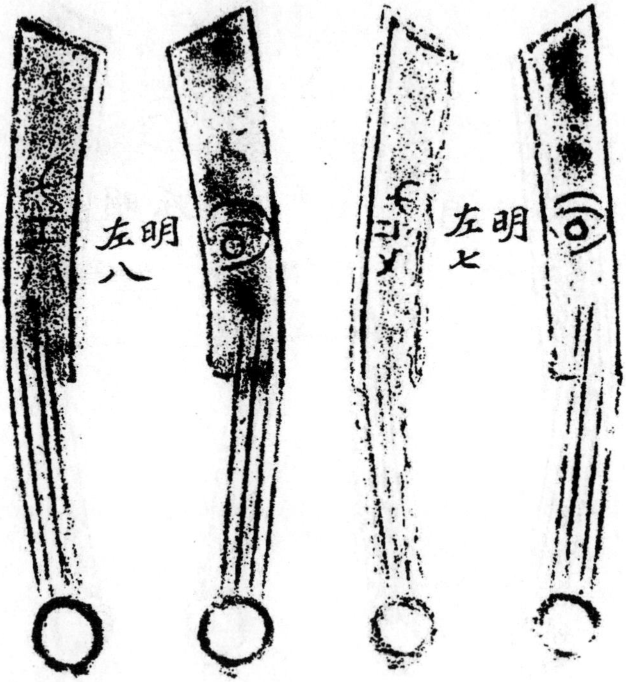
明左七
明左八

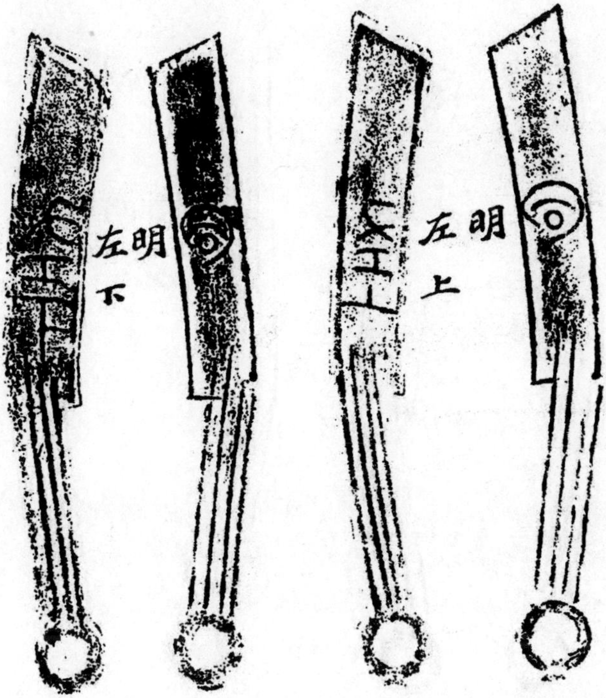
明
左
上
明
左
下

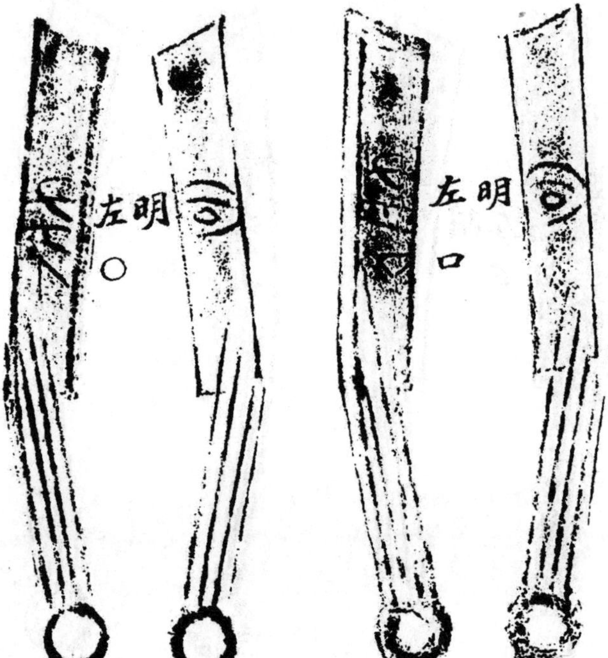
明
左○
明
左口

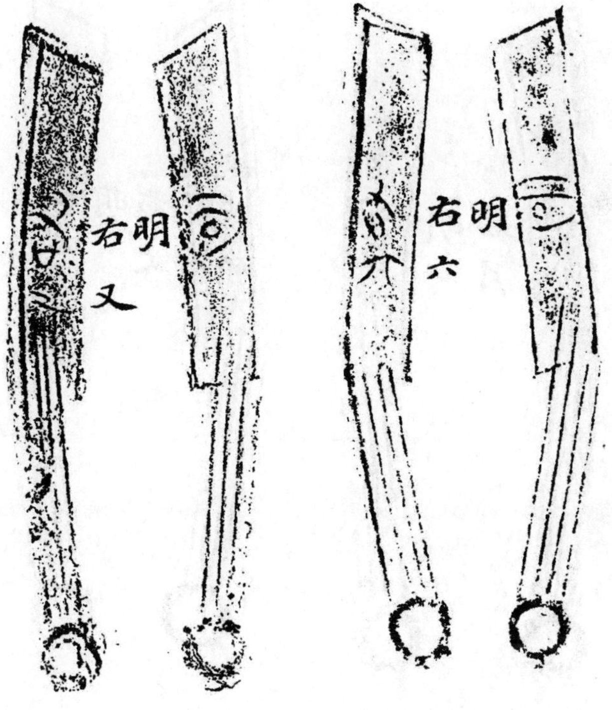
明
右
文
明
右
六

明
右月

明
右文

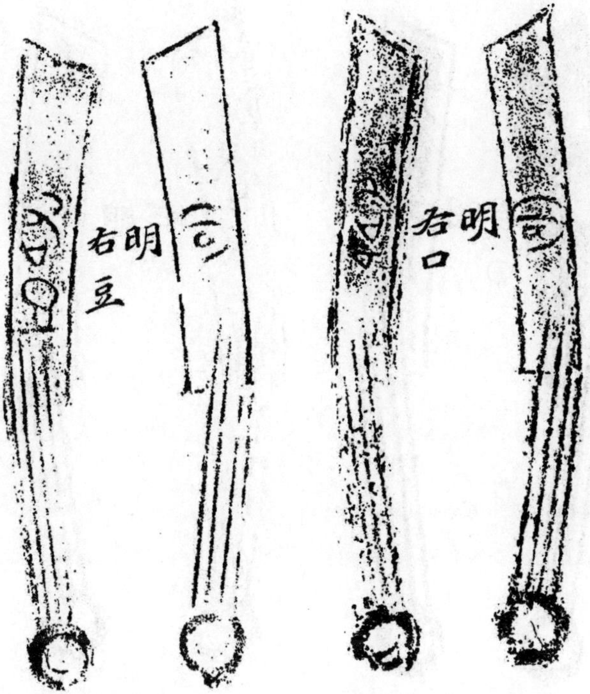
明
右
豆
明
右
口

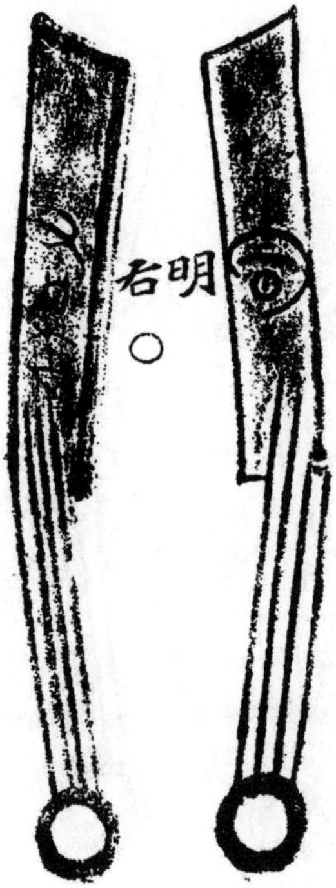
明
右

明
右

趙刀

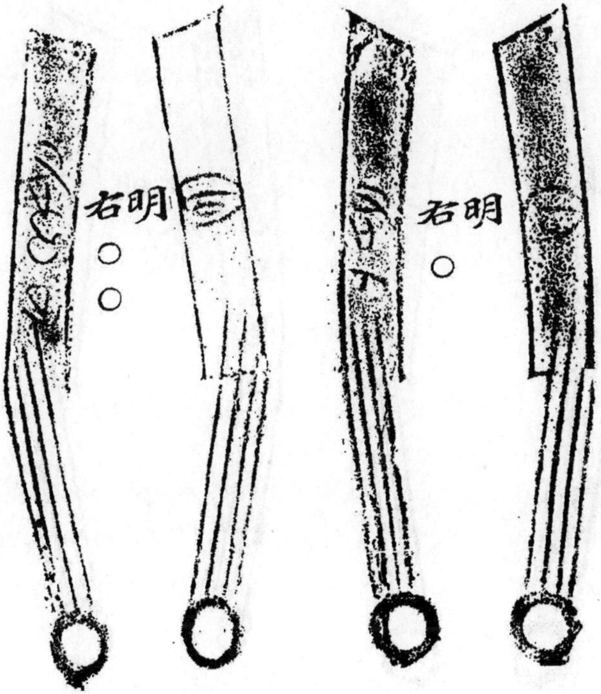

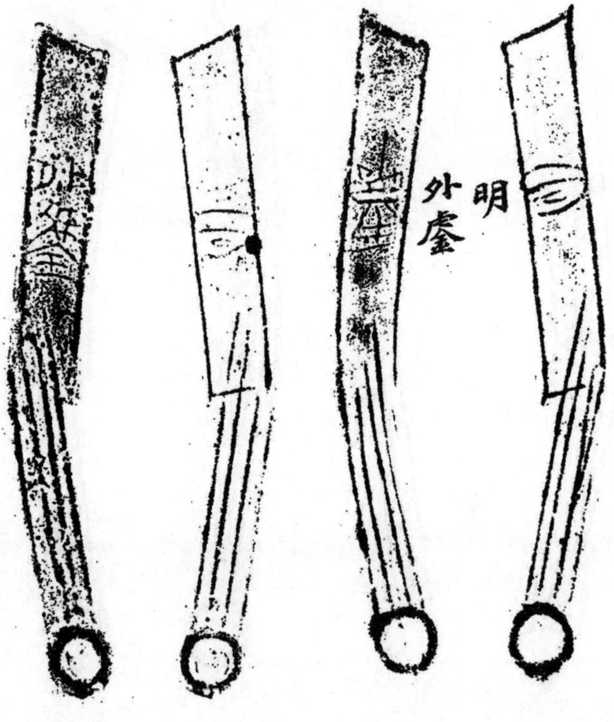
明
外鑪

趙刀

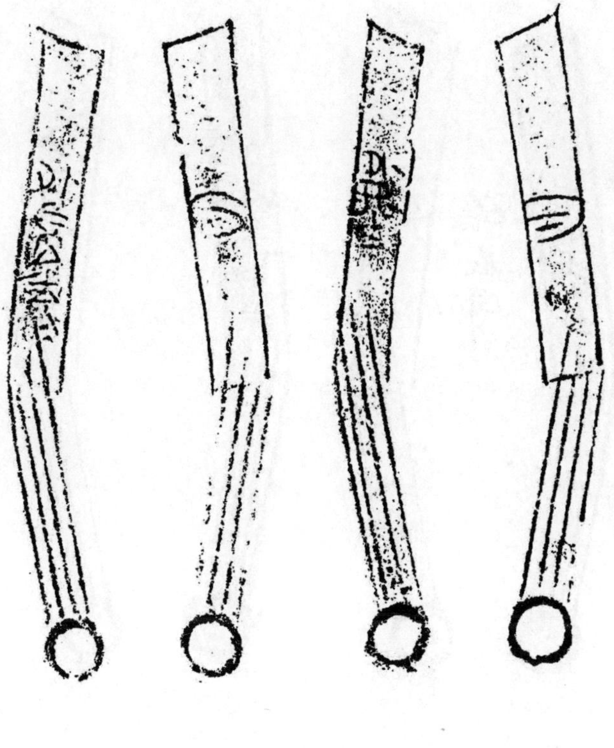

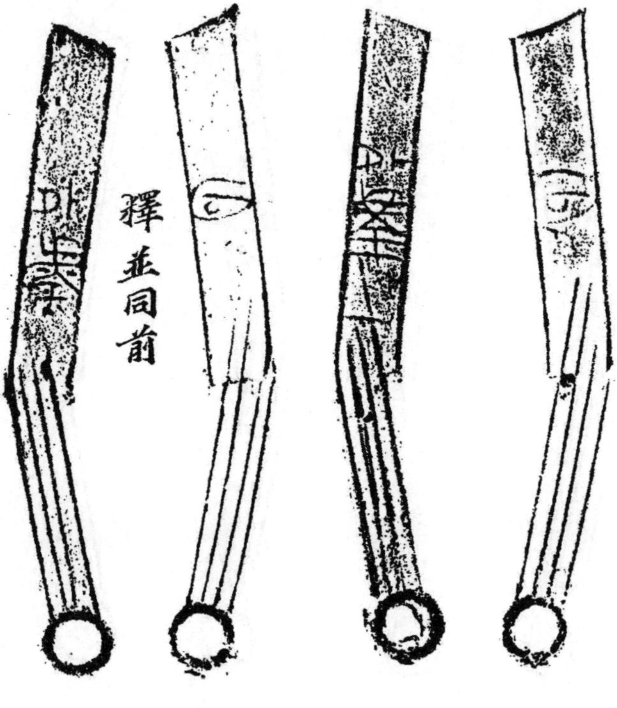

釋並同前

趙刀

四

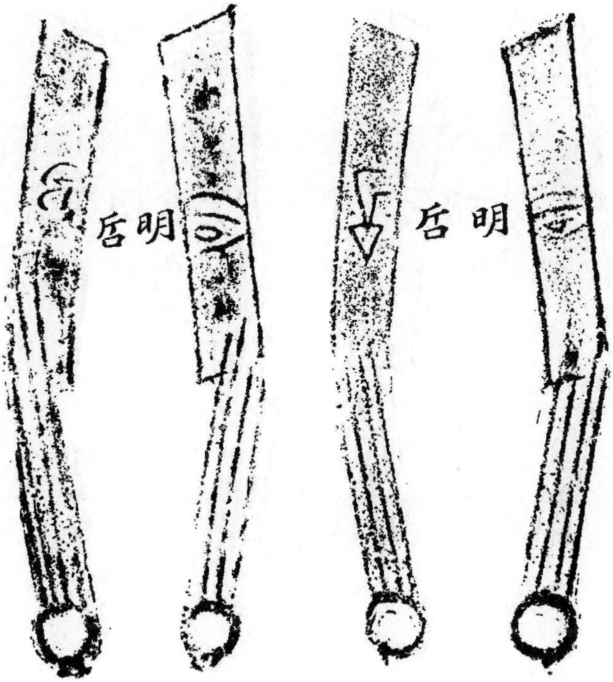

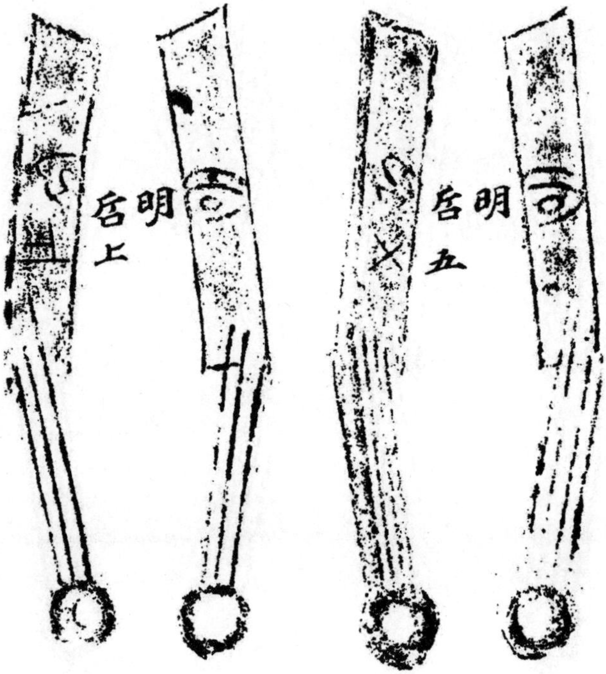
明
后上
明
后五

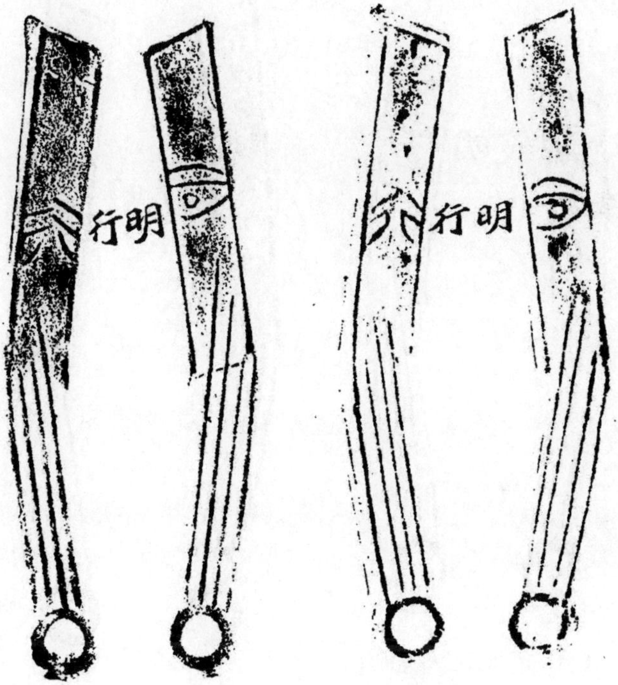
明行
明行

明乾

明行

右四十五品明刀最多從藏冊中挑出貼之

列國刀

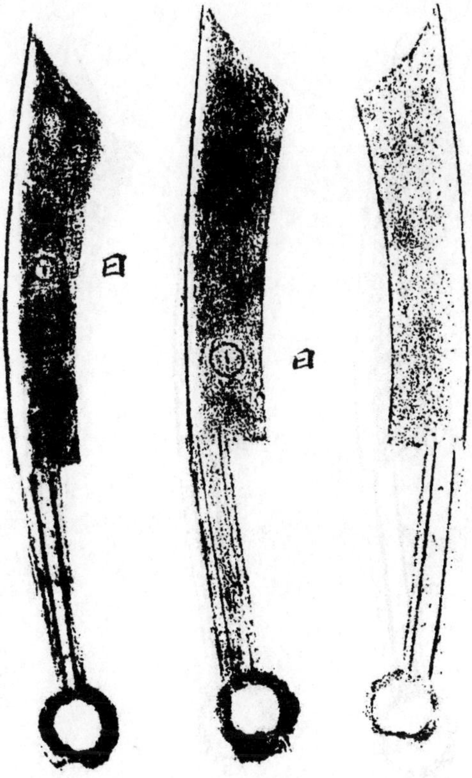

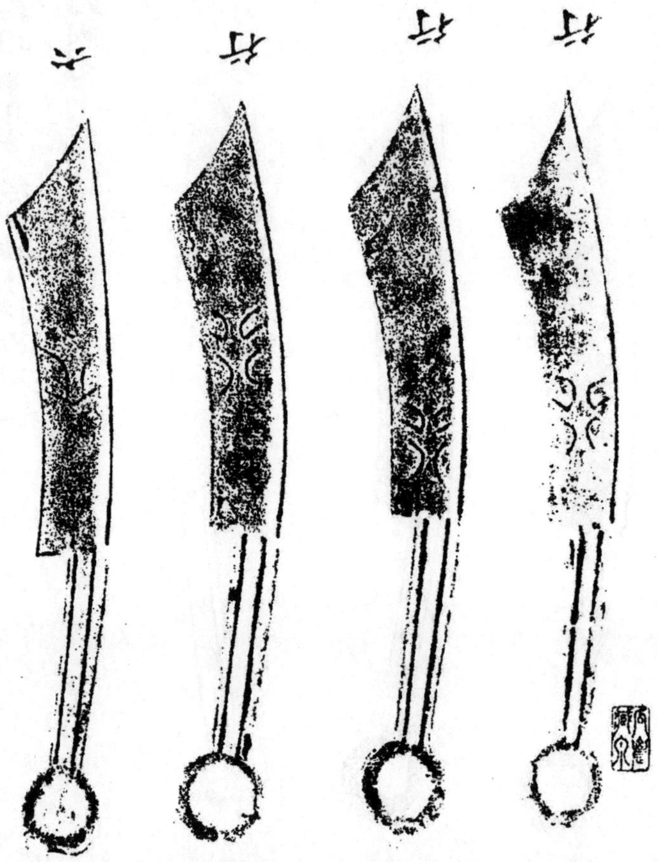

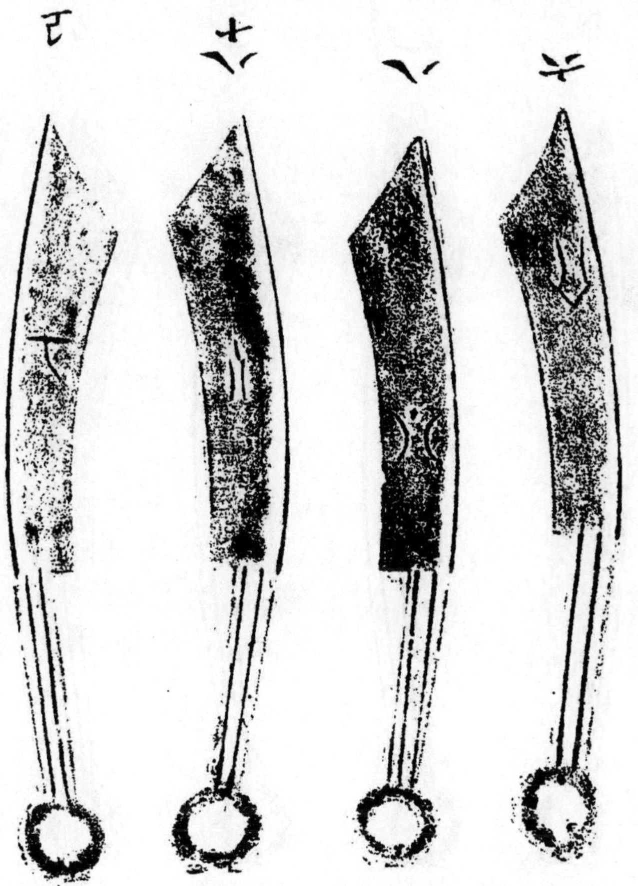
己
八十
八
六

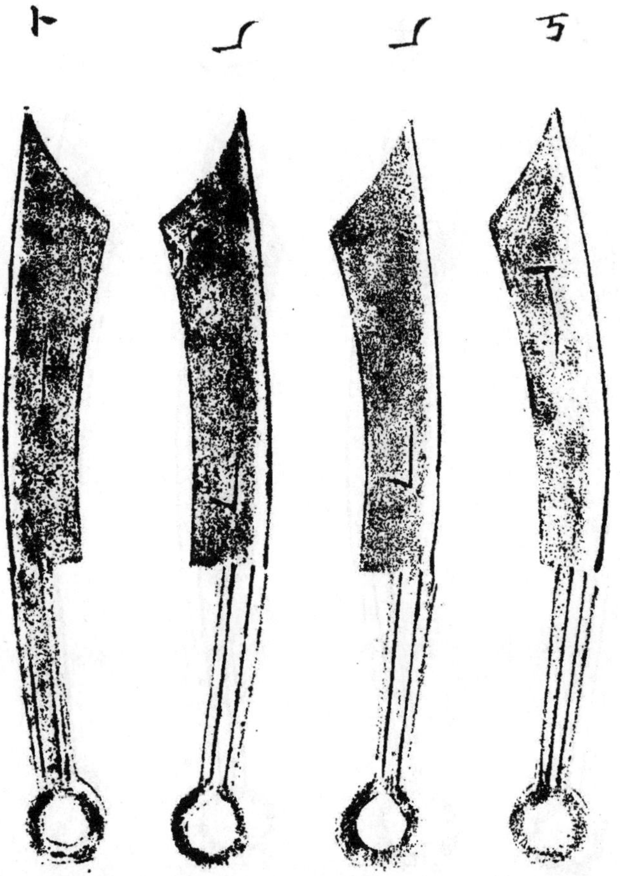
丂
乚
乚
卜

丫　亥　亥　厶

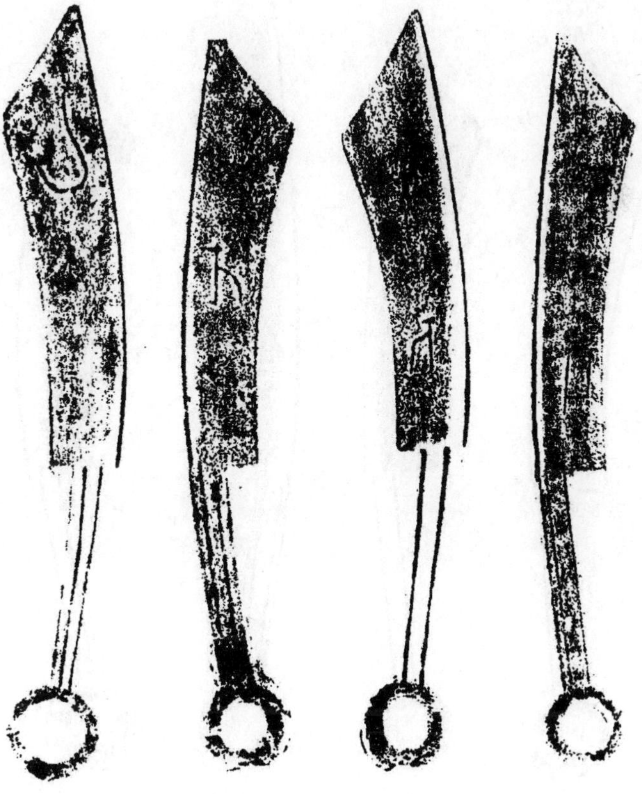

阜　乚　羊　厶

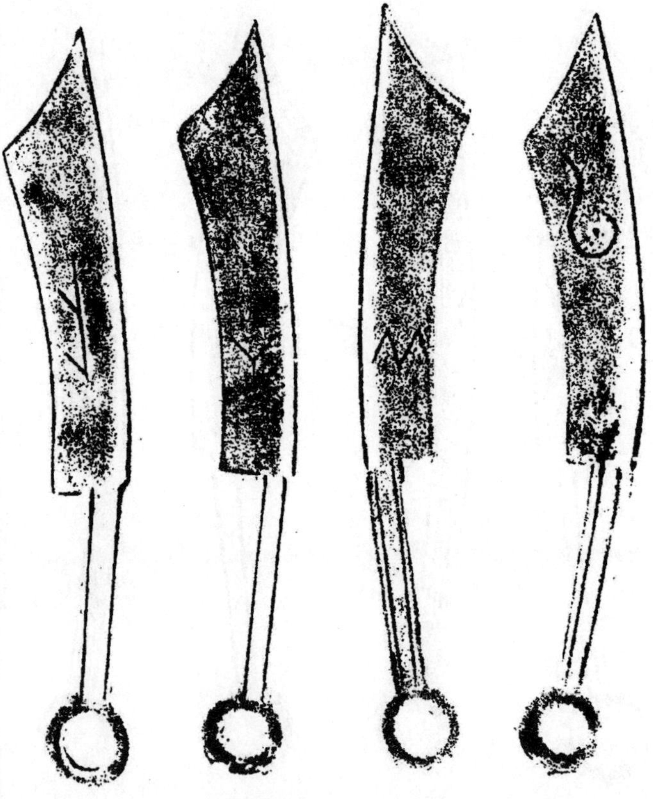

列國刀

草 草 草 己

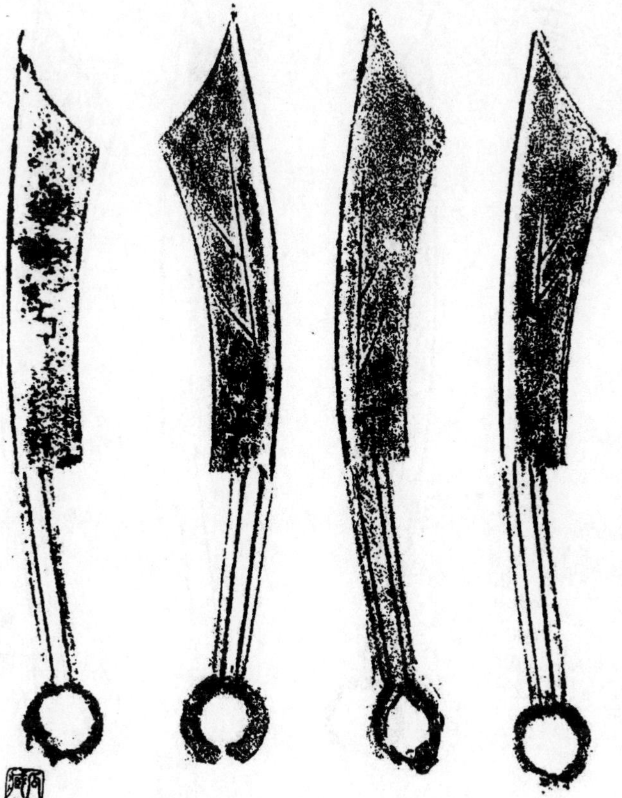

非　大　左

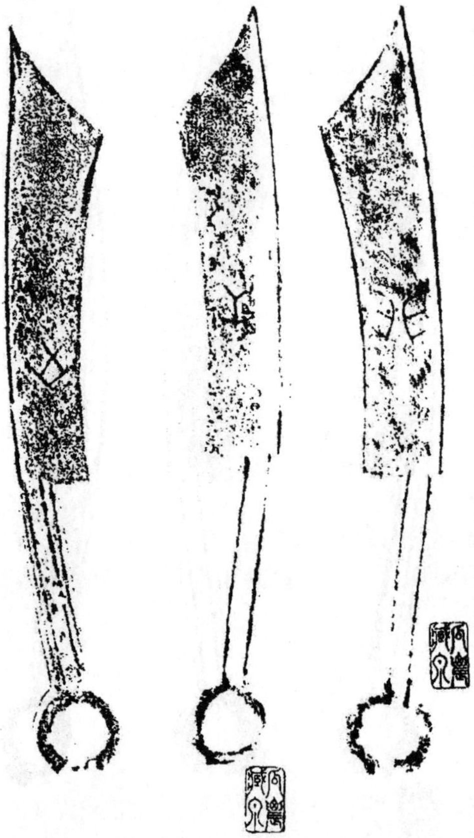

右二十九品皆一面有字此刀之多不備录

奇觚室吉金文述卷二十

補泉布文下

圜泉 附王莽泉布

嘉魚劉心源幼丹甫學

共

背

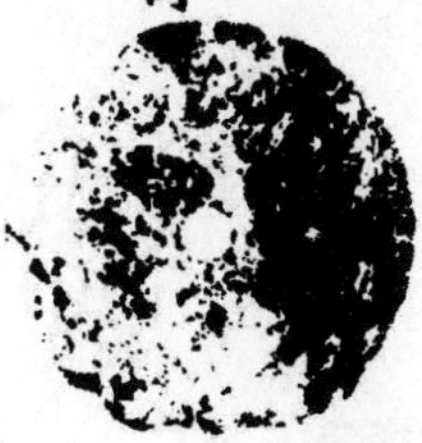

共

共

共

共

右五品背皆無文

垣

背

垣

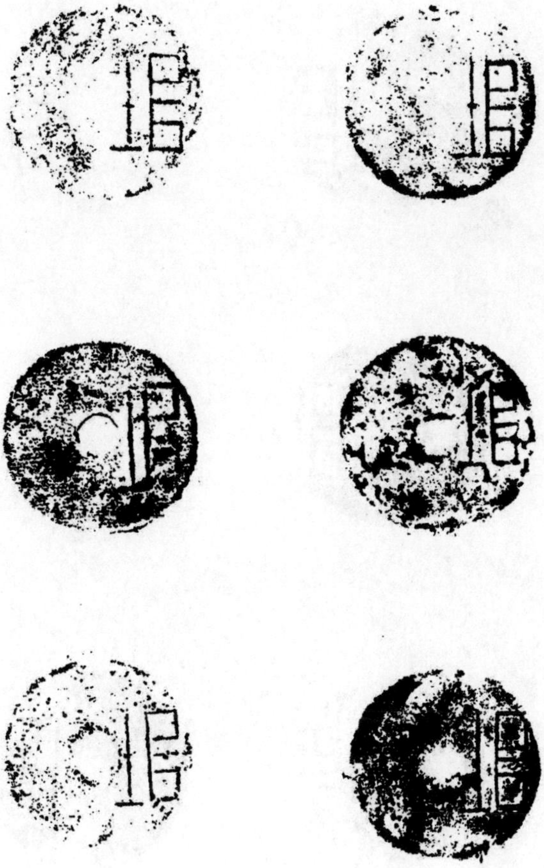

右二十四品背皆無文

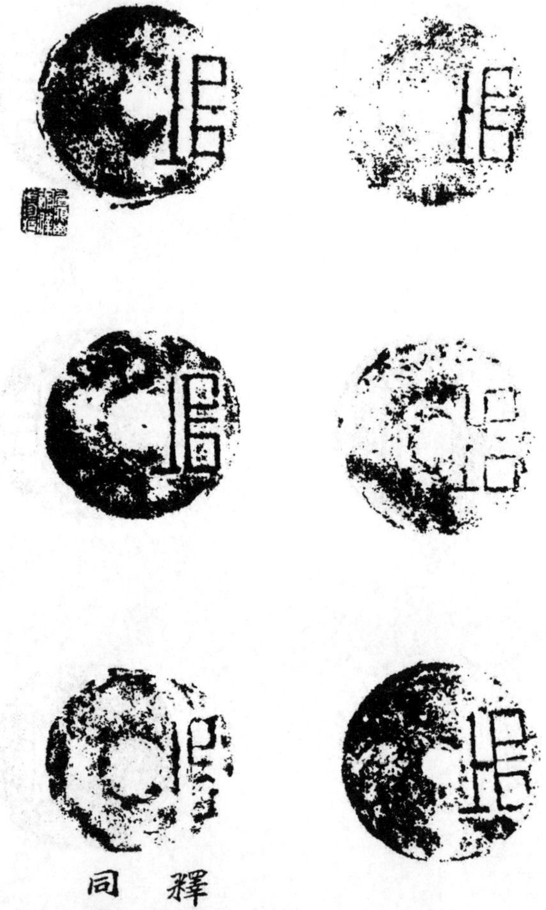

釋並同前

齊陰

背

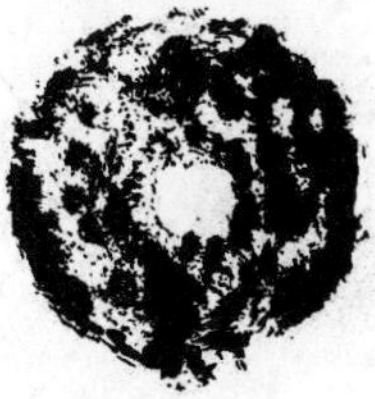

釋並同前

右五品背皆無文末一品左行讀

賹四化

賹六化

背　背

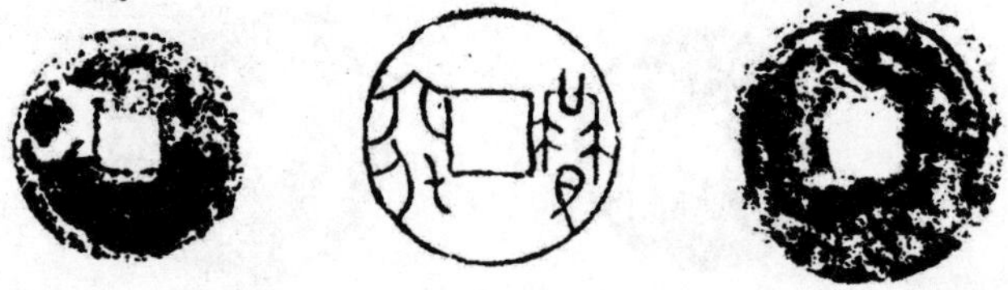

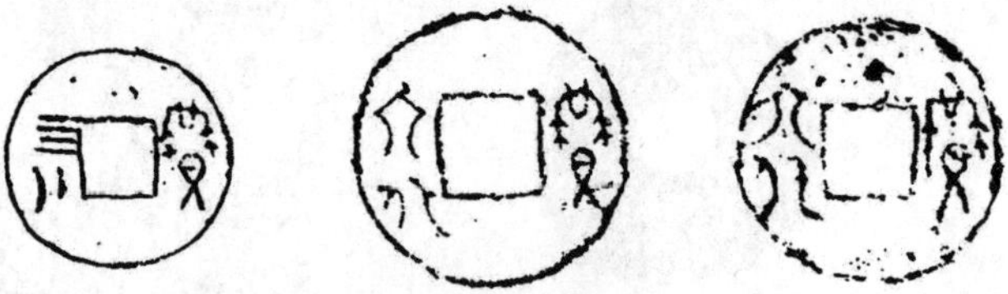

釋同

釋 同

㶌氏農云陳壽卿嘗疑貝王錢
不淂獨聚東海在濰淂三化六化
笵知此泉亾所鑄又於宅前土埂掘
淂古匋器一窖底蓋皆止一字作𧴪
始信𧴪為亾之地名矣

臨 化

臨 化

右十二品大小四種臧泉家皆呂為寶貨錢吾掾篆形釋之未敢雷同且大小輕重与班志不合也總之為周時物与共字垣字泉同何必强搭出處

周 東

背

明 夕

背

明 夕

右一品左東右周与古泉匯所載不同竹朋云東遷以後之物

明 夕

右三品近人釋夕為刀篆形碻是夕即以本泉明字偏旁證之可知也古文夕月通用与三仲殷父敦此為明月二字當与天清豐樂宜酒食等錢為一類姑依泉匯編于此

一 刀

背

一 刀

右二品此刀字仍是夕疑仿造者姑依泉匯收之泉匯作刀乜更是夕篆

重一兩十二銖

背

重一兩十四銖

右二品古泉匯云圜法呂銖兩計者始於秦想係秦初之物心源案珠通銖荀子富國注十黍之重為銖

兩半

背

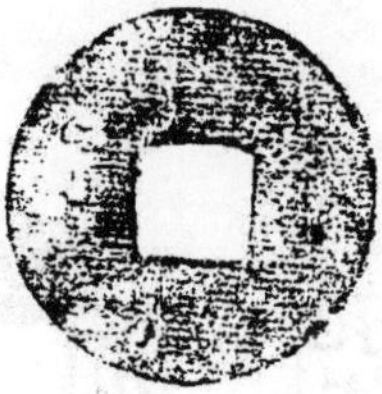

右一品左半右兩與它品異背無文此極重秦錢漢初呂為難行者也

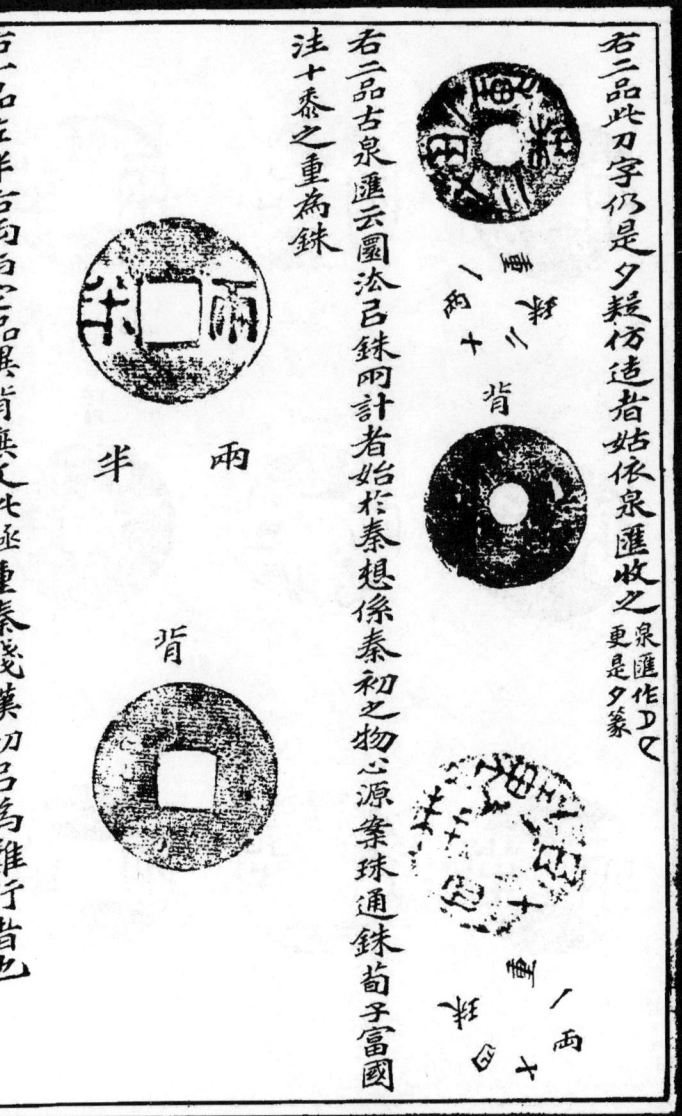

半
兩

背

右九品背皆無文差小於前品

半兩

背

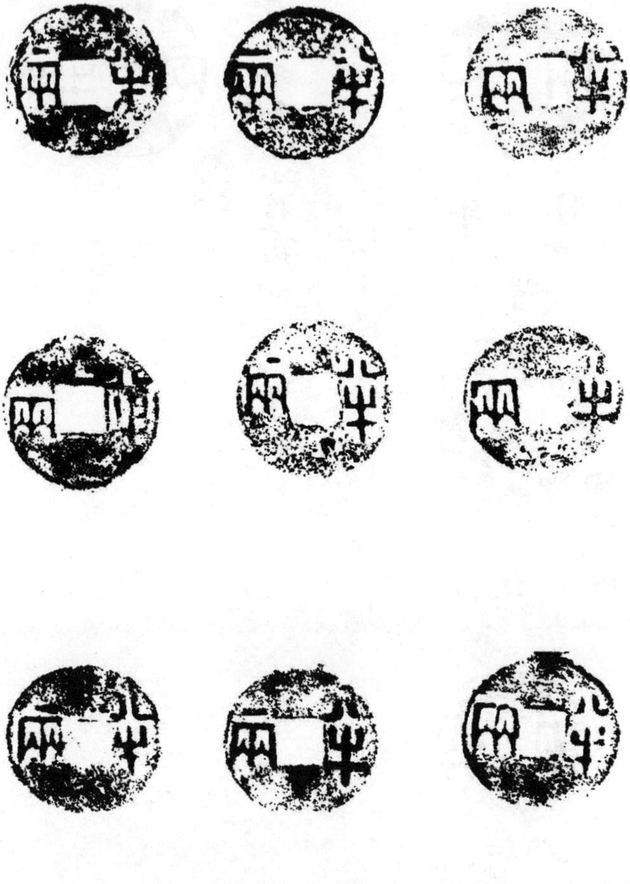

右二十品背無文又小於前品

半 両

背

右五十三品無背文文小於前品末一品左半右倒兩字王廣生物

半兩

背

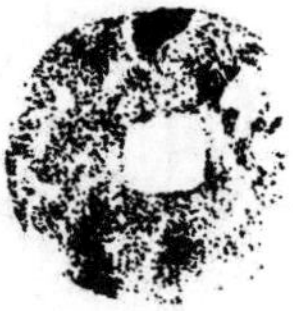

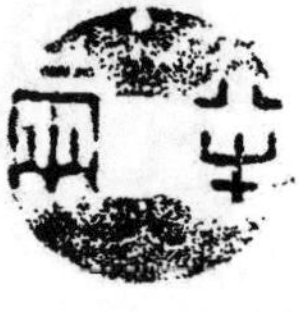

漢 泉 圖

七

一四二七

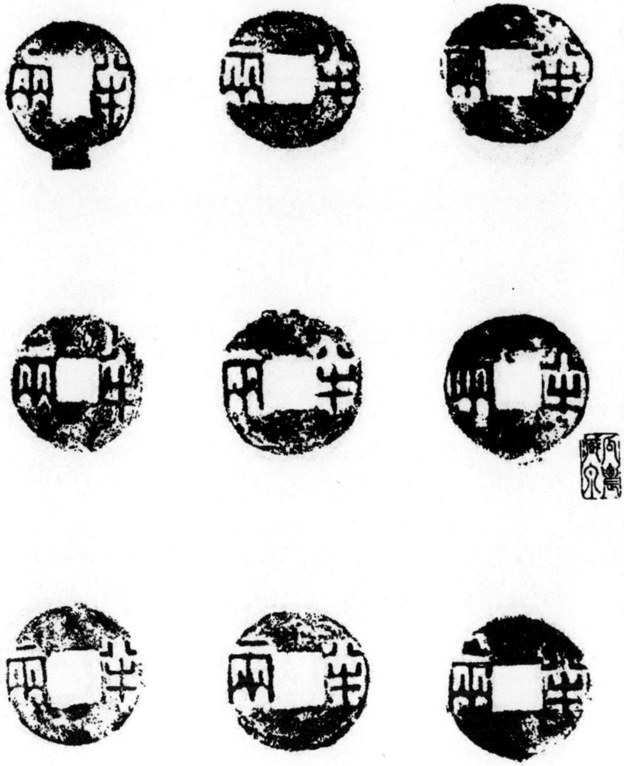

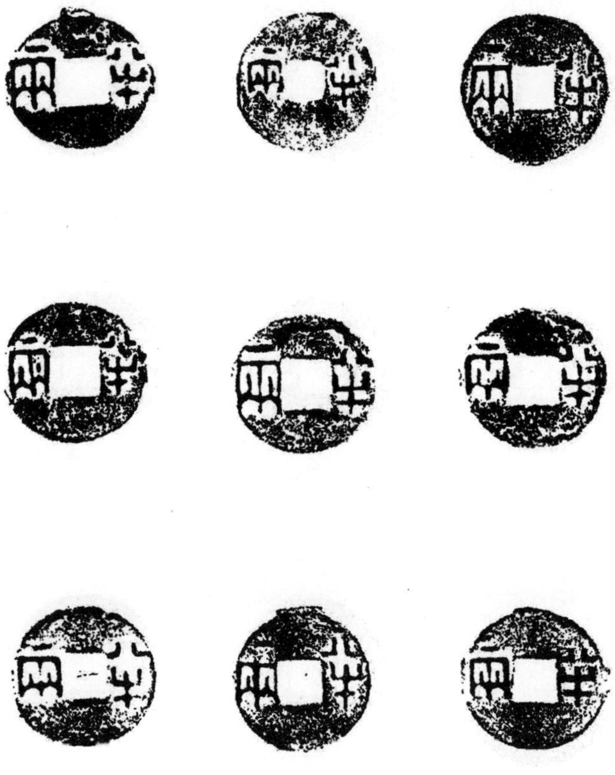

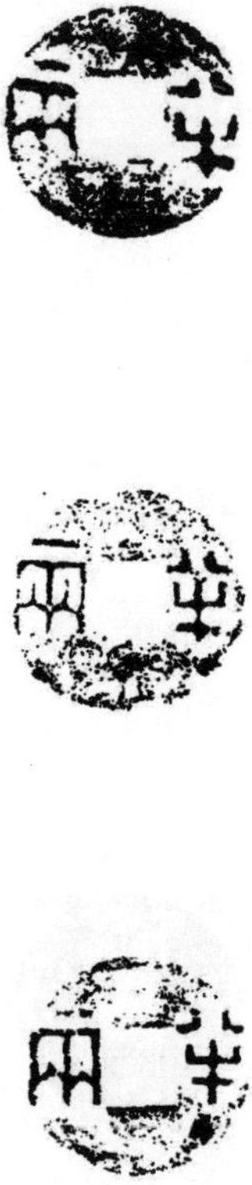

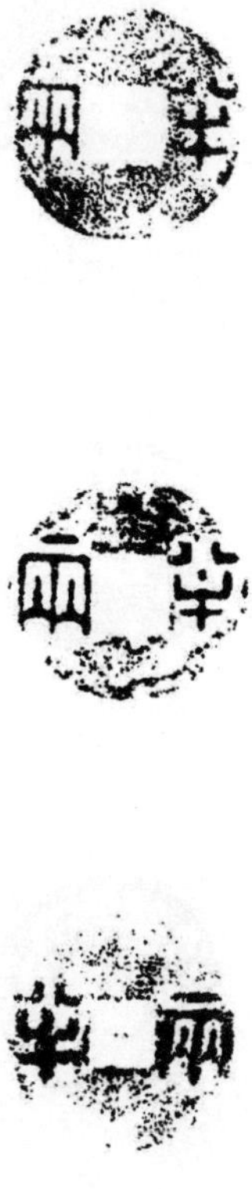

右五十九品皆無背文又小於前品末一品左半右兩周佩之藏

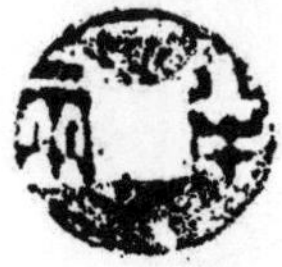

半兩

背

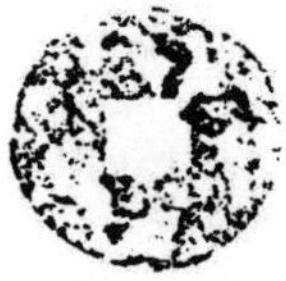

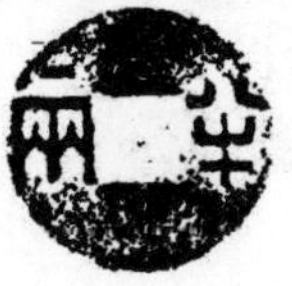

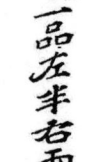

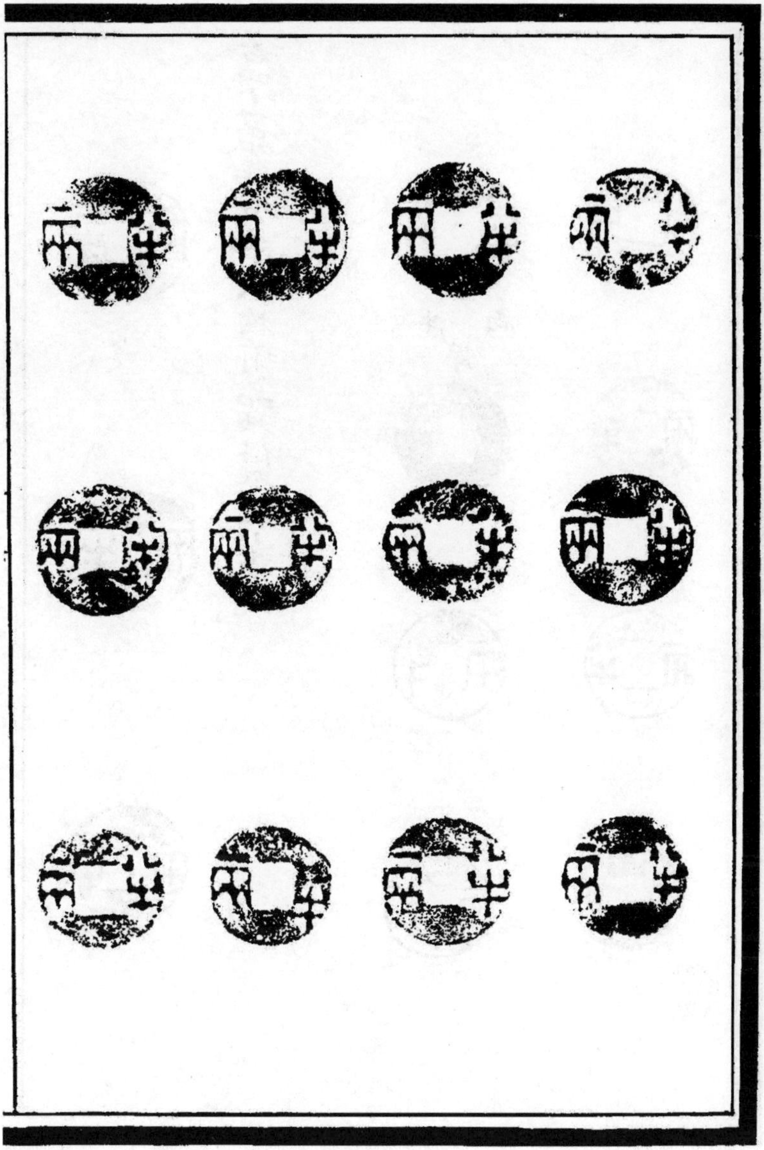

右四十一品無背文又小於前品此侶今之小平錢

半两
背

右十品皆無背文又小於前品

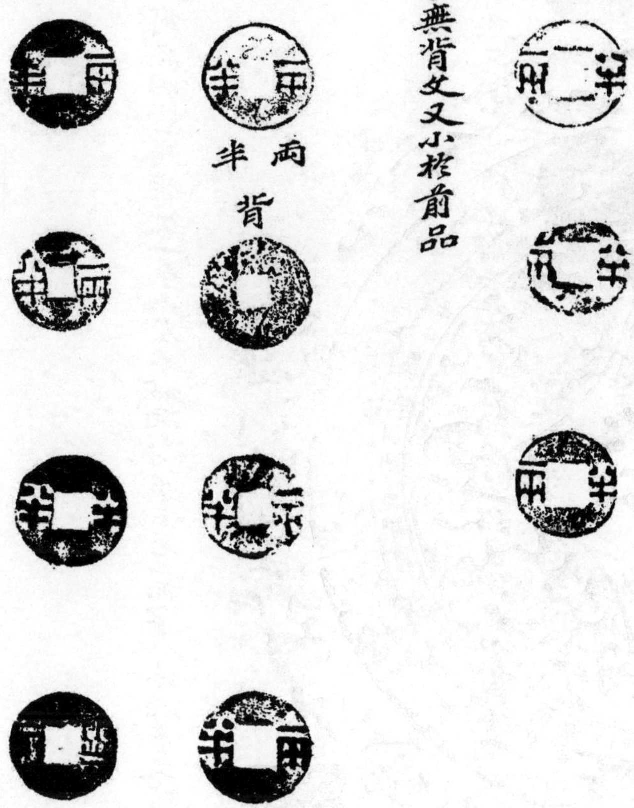

兩半

背

右八品与前品同皆無背文一至五左半右兩六二半字七二兩字八半兩重文皆異品也

兩半

半兩

背

半兩

兩半

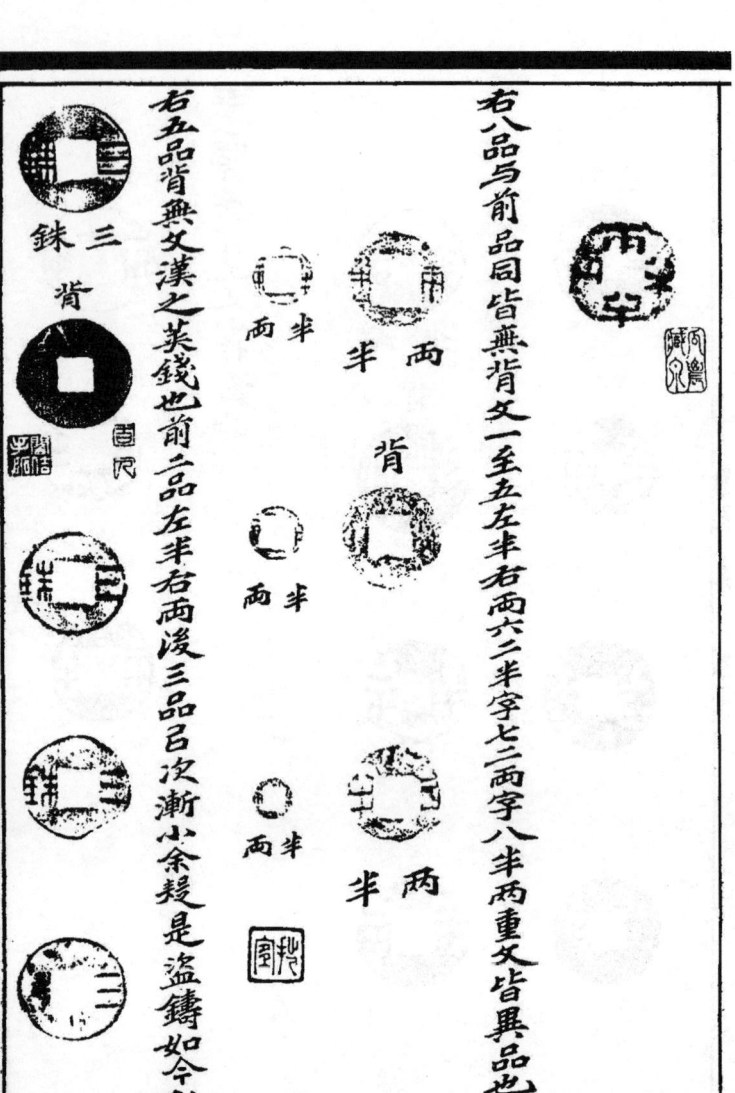

半兩

右五品背無文漢之莢錢也前二品左半右兩後三品吕次漸小余疑是盜鑄如今私錢

三銖

背

右四品漢武帝錢背無文

五銖

背

五銖

右二品漢宣帝錢背無文

附

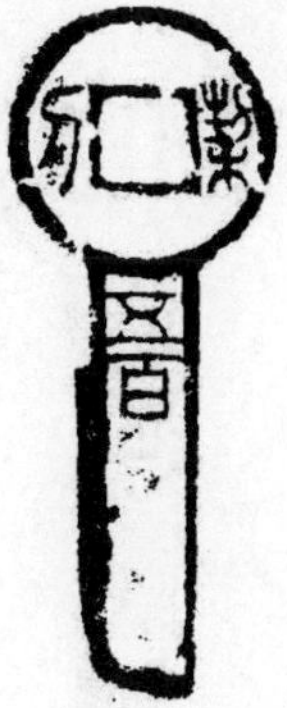

契刀五百

背

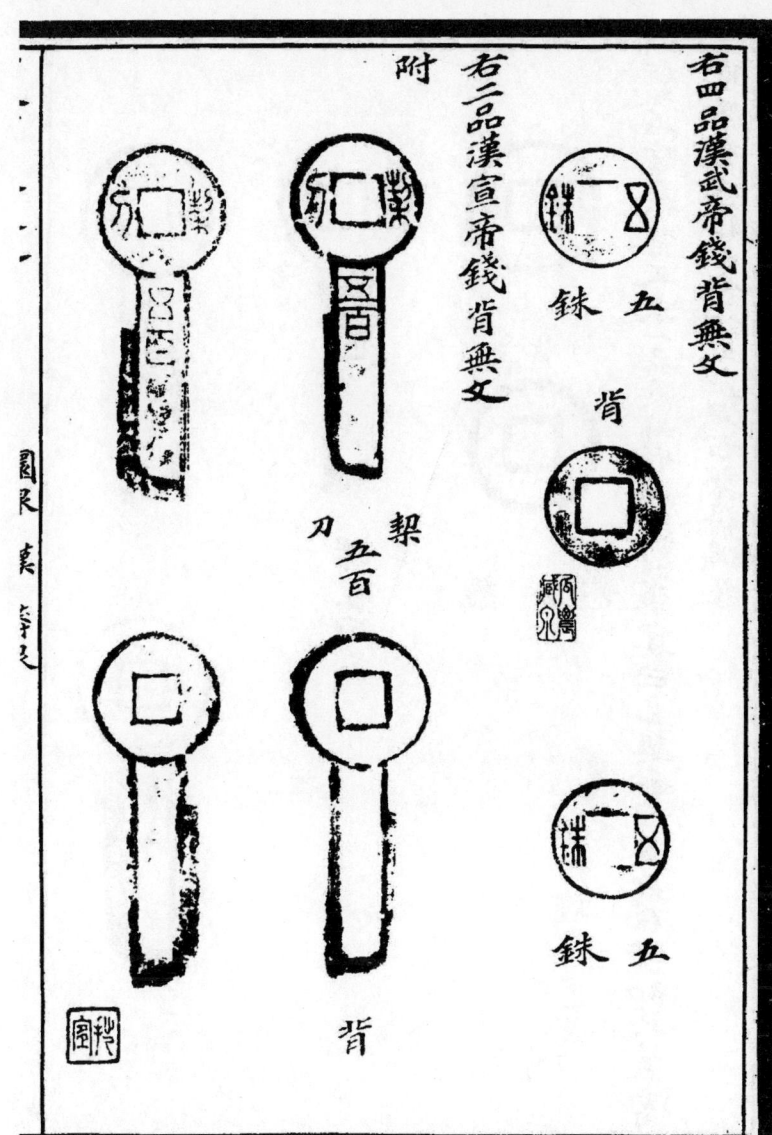

釋並同前

契刀

背

右五品皆無背文末一品無刀形洪志引張宴曰左契右刀無五百字即此蓋當時原有二種也案刀文左刀右契張偶誤

一刀平五千

背

背

右二品一背無文二背文三字与面同一刀二字係金嵌所謂金錯刀也文与質平不可拓此㠯筆描者

大泉五十

背

文同

背

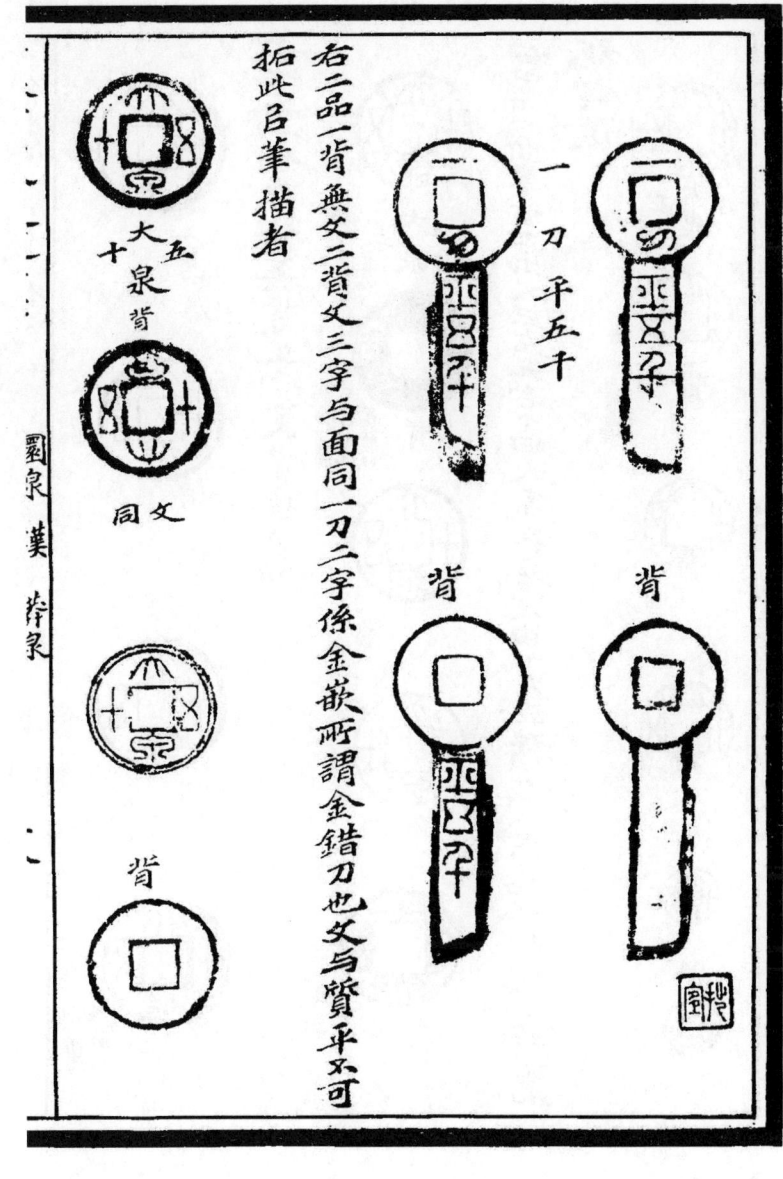

右六品一合背餘無背文二及末一品皆重輪

右四品一面背皆四出文三左五右十四大字在左邊由下左旋讀之亦異品也此皆小於前品

說詳後

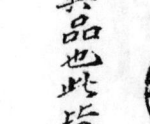

右四品皆無背文此錢益小古鑑云官私雜出故有小大

小泉直一

背

右五品皆無背文

幺泉一十

背

幼泉二十

背

右二品二種皆無背文幺泉略大於小泉幼泉略大於幺泉

中泉三十

背

背

右二品皆無背文此略大於幼泉

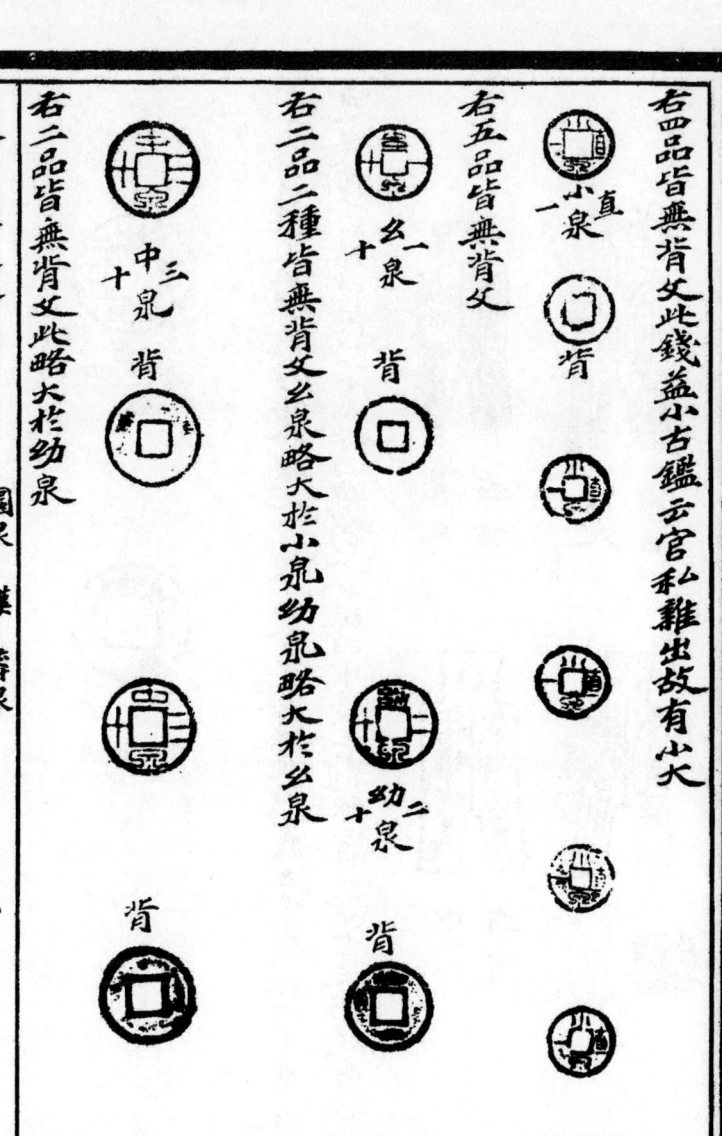

壯泉四十

背

右一品背無文文獻通考王莽造大錢徑寸二分重十二銖文曰大錢五十小錢徑六分重一銖文曰小錢直一三銖曰幺錢一十五銖曰幼錢二十七銖曰中錢三十九銖曰壯泉四十是為錢貨六品

差布五百

中布六百

第布八百

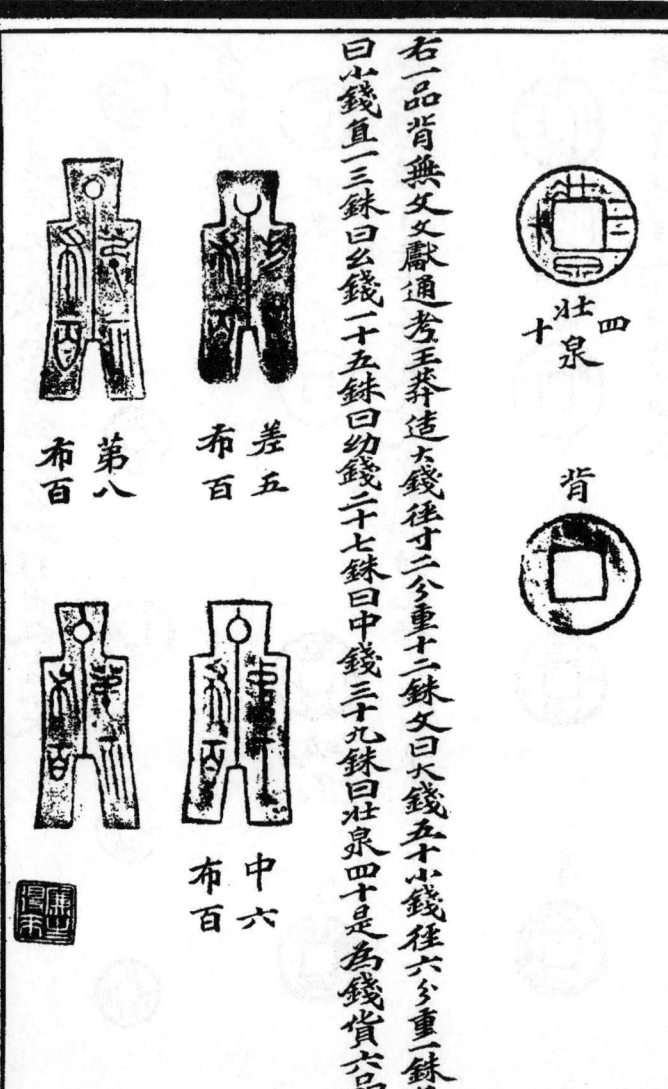

大黃布千

右八品四種皆無背文

貨布

背

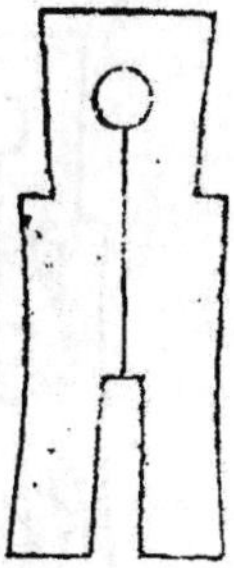

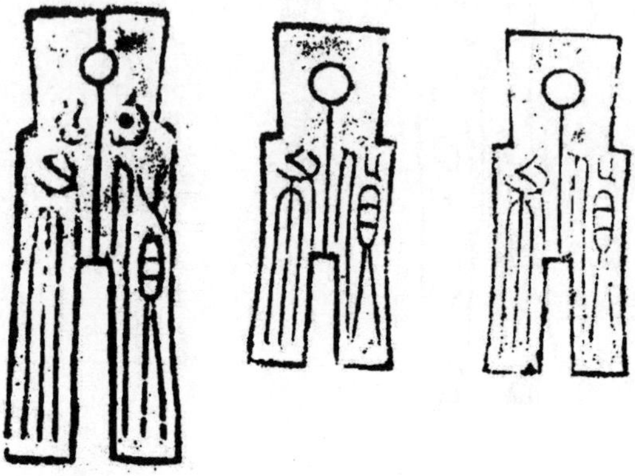

背　　背

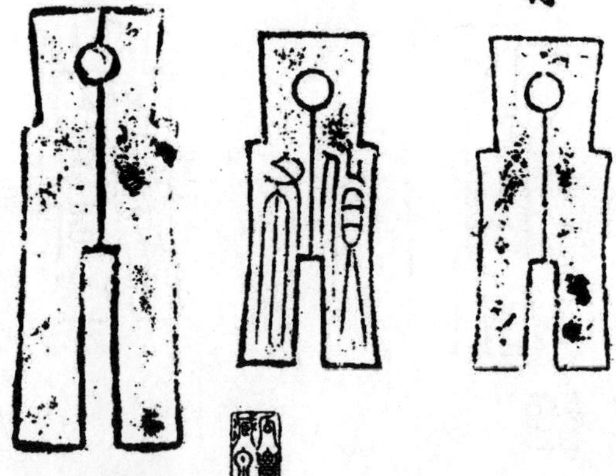

釋並同前

右五品皆無背文後一品較大

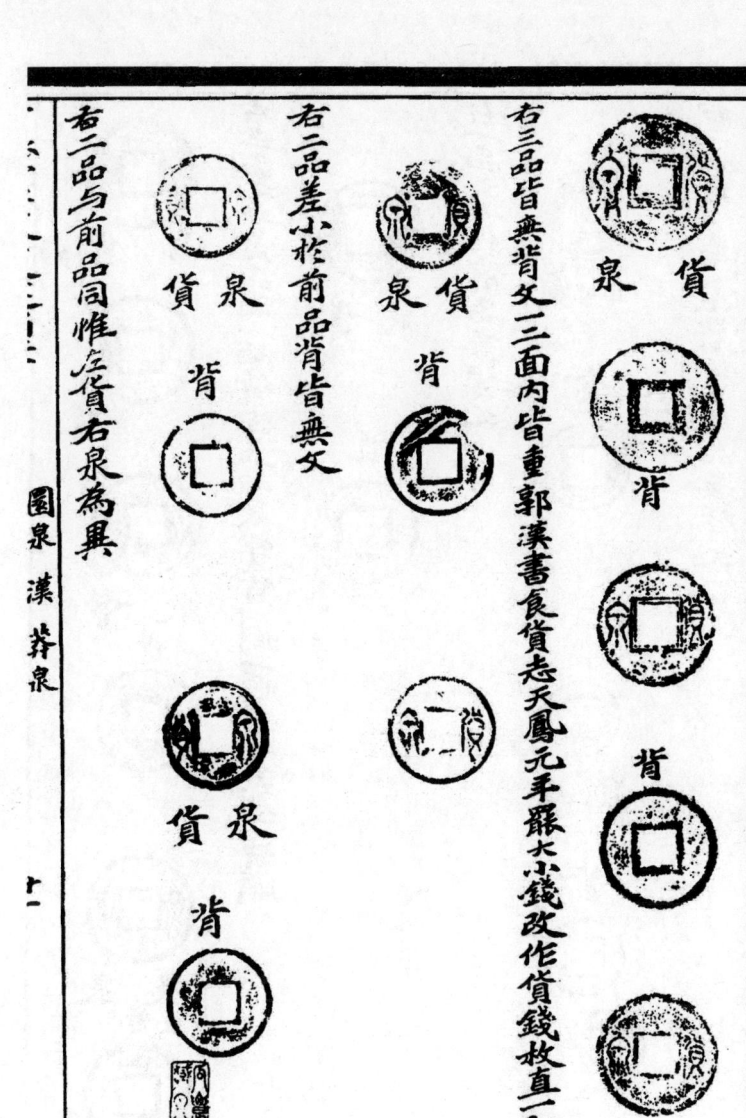

右三品皆無背文一二面內皆重郭漢書食貨志天鳳元年罷大小錢改作貨錢枚直一即此

右二品差小於前品背皆無文

右二品与前品同惟左貨右泉為異

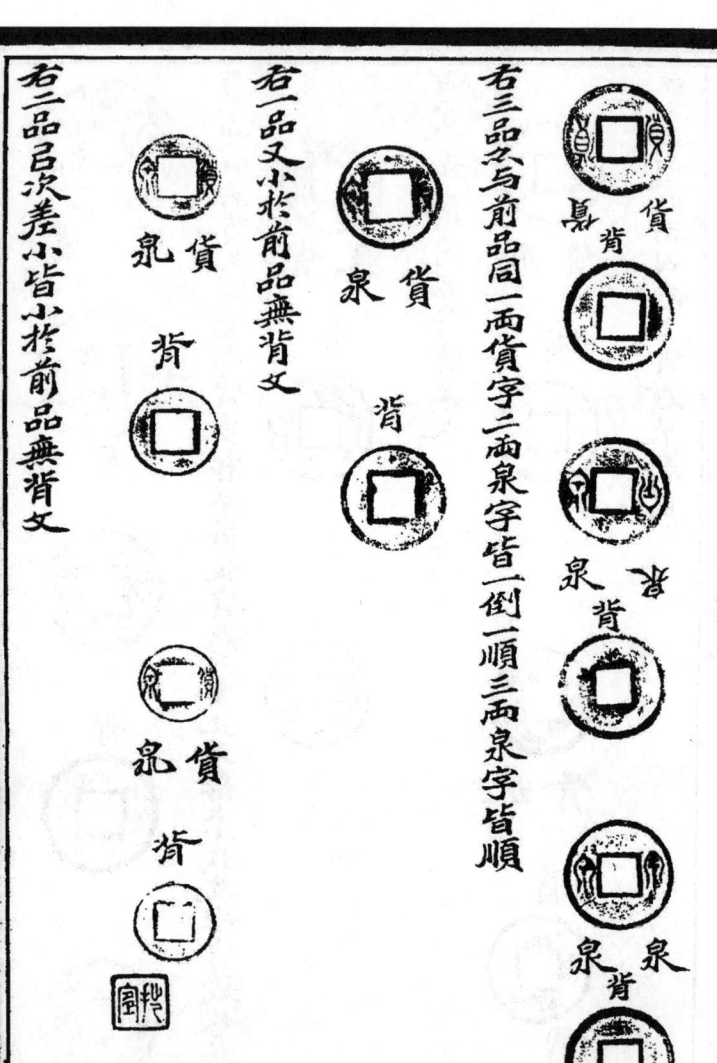

右三品各與前品同一面貨字二面泉字皆一倒一順三面泉字皆順

右一品文小於前品無背文

右二品以次差小皆小於前品無背文

布泉

背

背

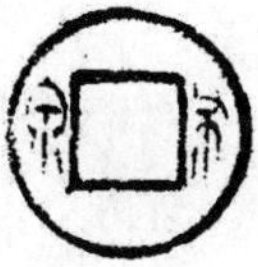

背

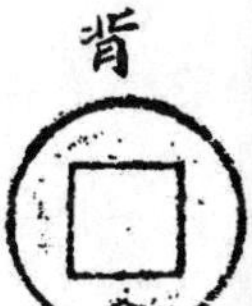

右二品背皆無文案後周武帝有布泉作玉筋書此作懸鍼書迥然不同古泉滙吕布字与貨布同泉字中竪畫斷作兩筆与大泉貨泉並同遂吕此品坿莽布之後其說甚精今從之又案泉志吕此品為男錢通考吕豐貨為男錢後見

五銖

背

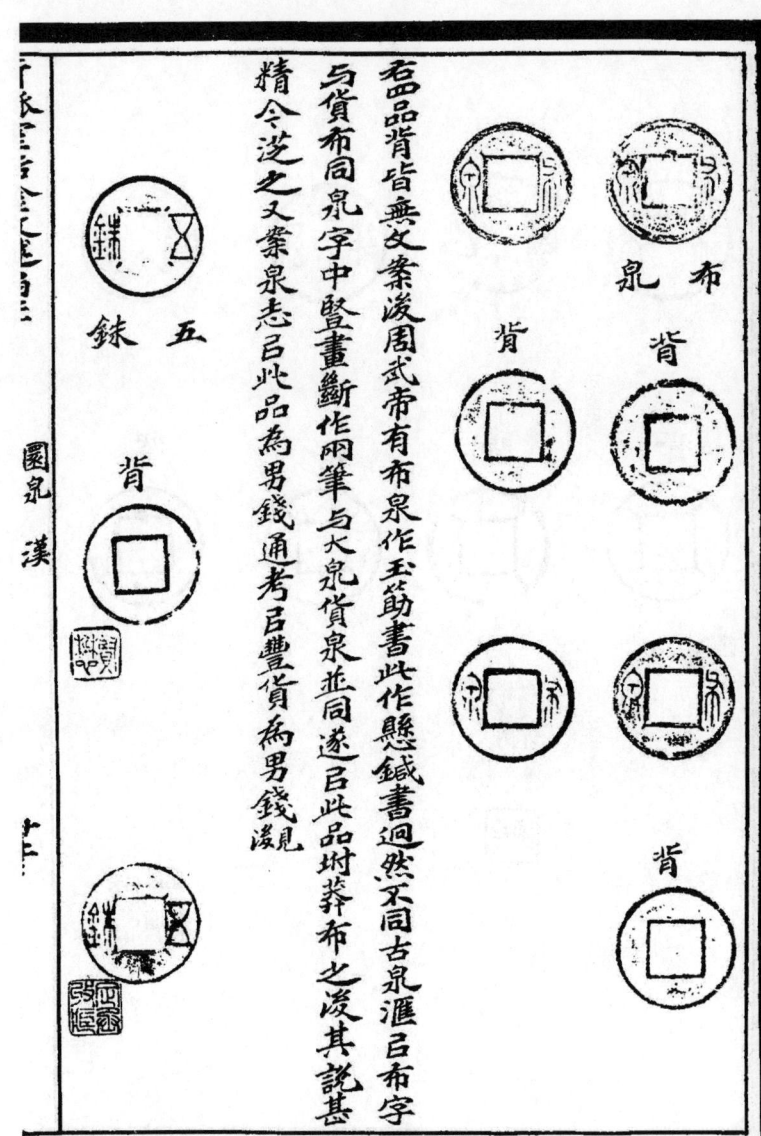

背 背 背 背

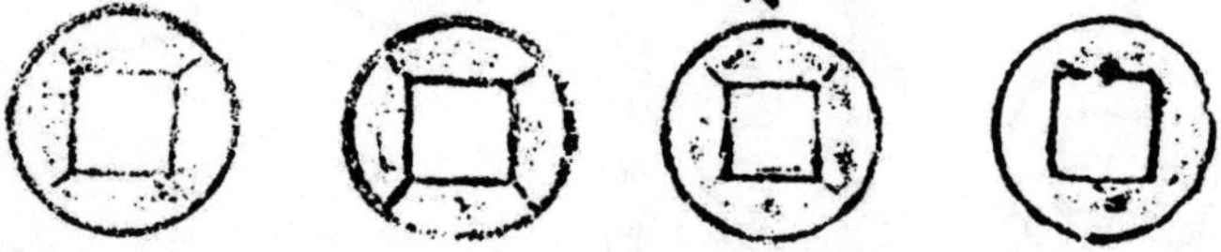

右六品前三品面内郭四角出文甚短背無文後三品背四出文輪郭相通董逌錢譜所謂四角有路抵於外輪者也通考漢靈帝中平三年鑄四出錢〻皆四道識者竊言侈虐已甚形象兆見此錢成必四道而去即此也案四出文王莽大泉貨泉皆有之已兆亂矣

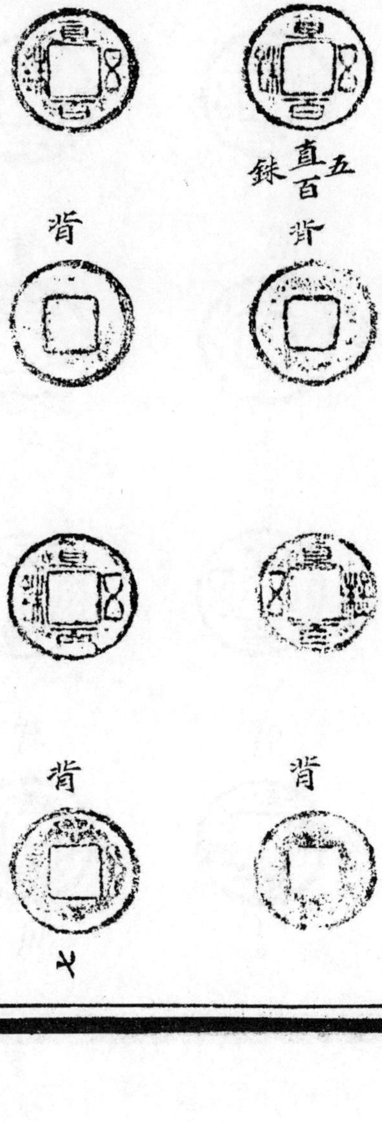

七

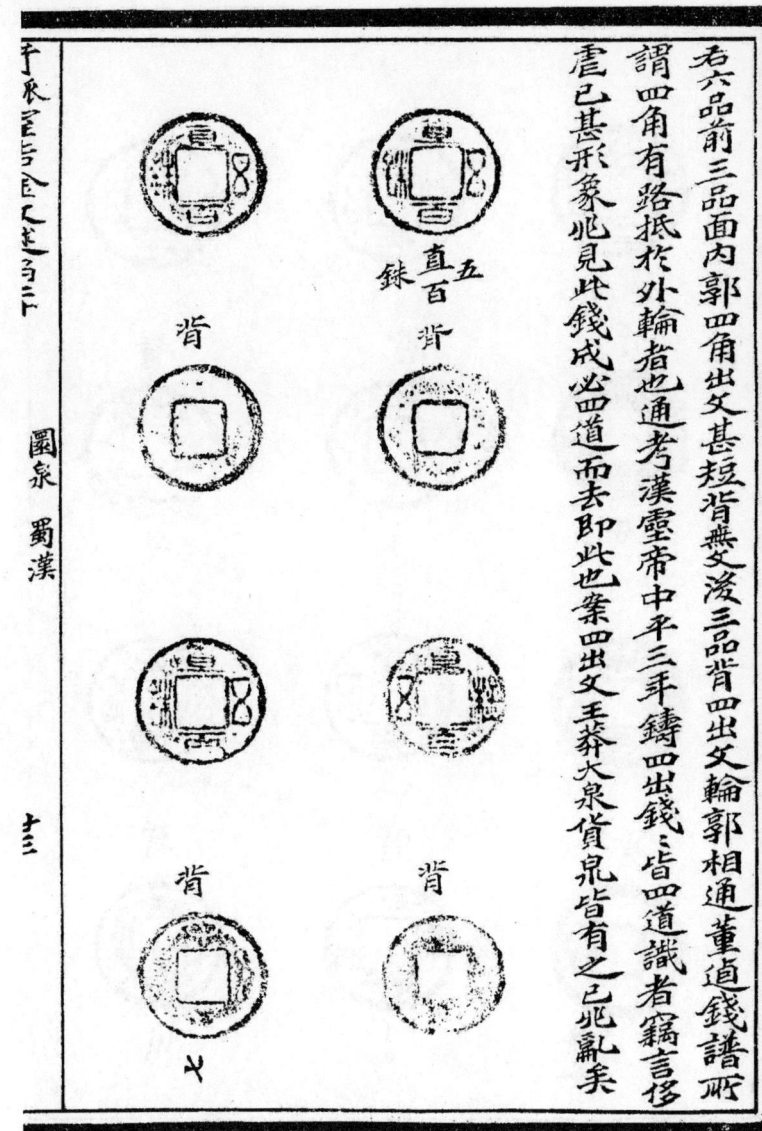

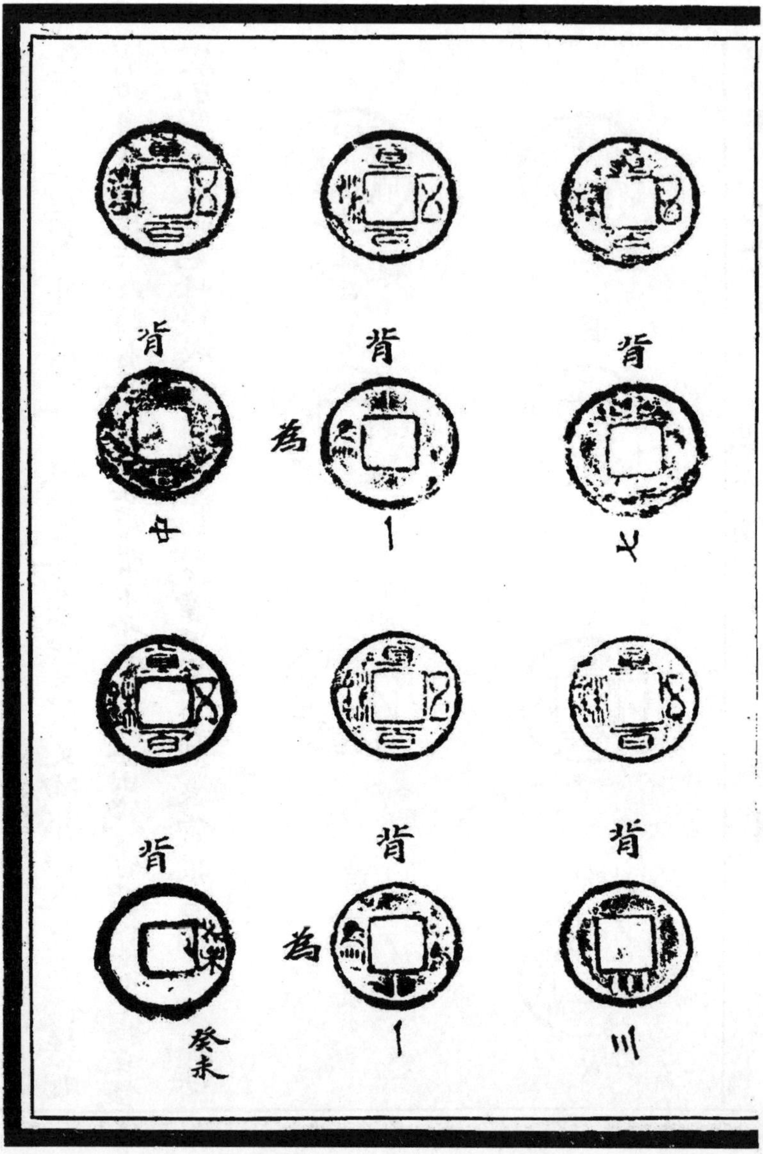
背
背
背
爲
母
背
背
背
爲
癸未
川

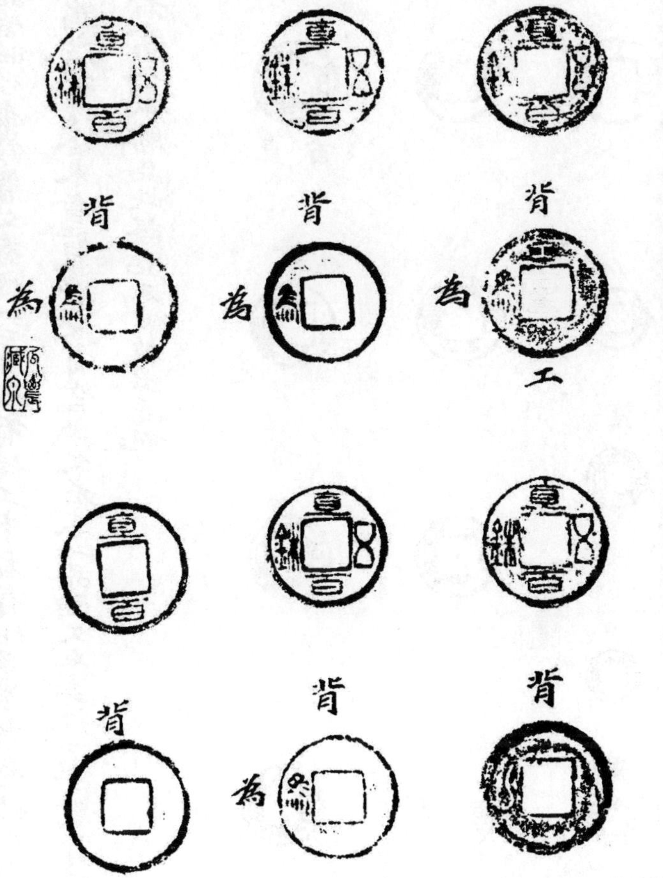
背
背
背
為
為
為
工
背
背
背
為

右十六品皆昭烈帝錢背文有作一三七者有作工中者有作星象者有作鉤者皆陰文有作爲者有作癸未者皆陽文亦有背無文者末一品面文無五銖二字案背文作星象帶鉤者當入厭勝品此誤貼不便拔出并記

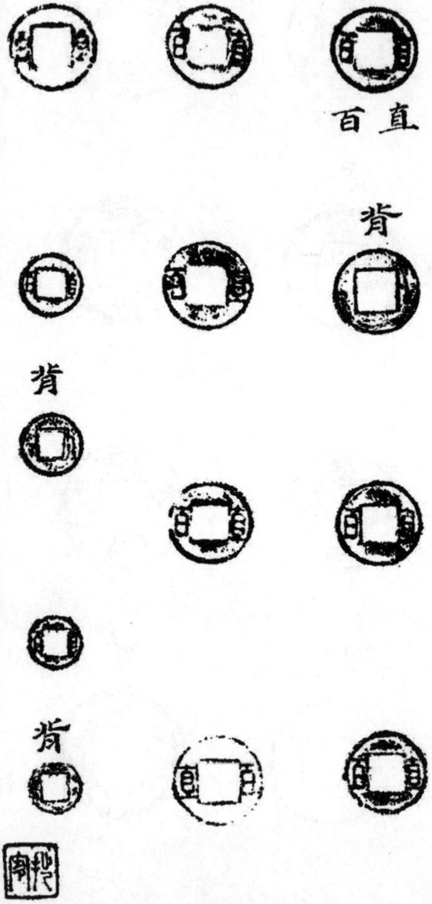

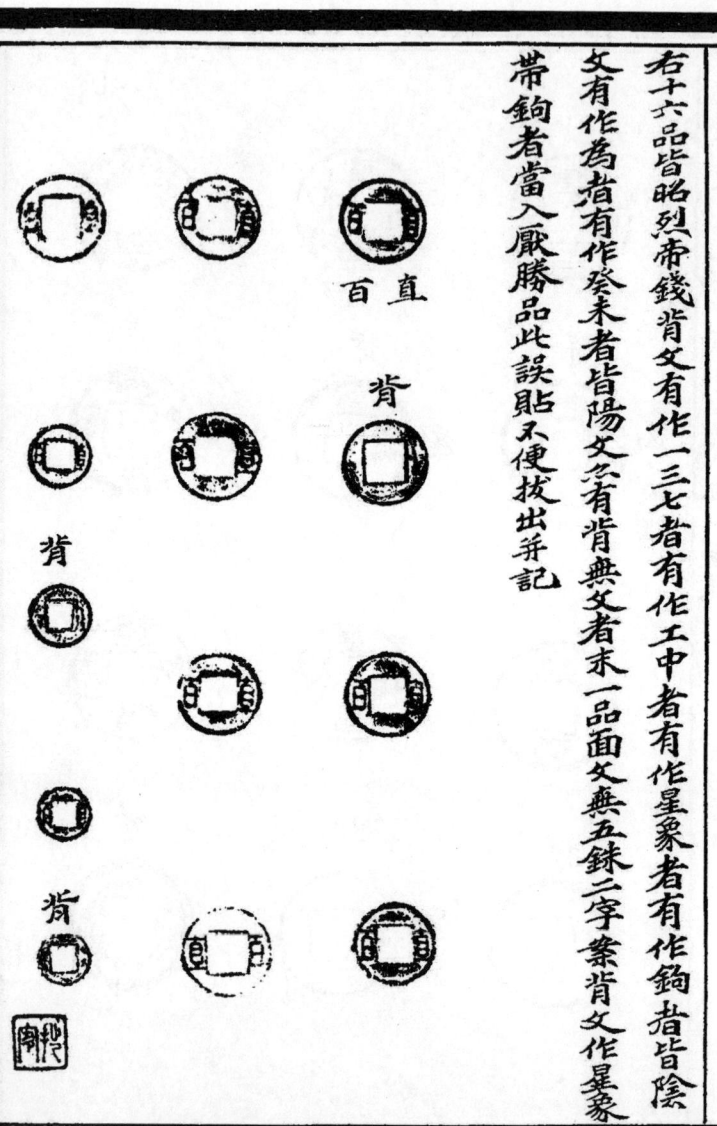

右十品皆無背文前八品已小於五銖直百錢後二品益小

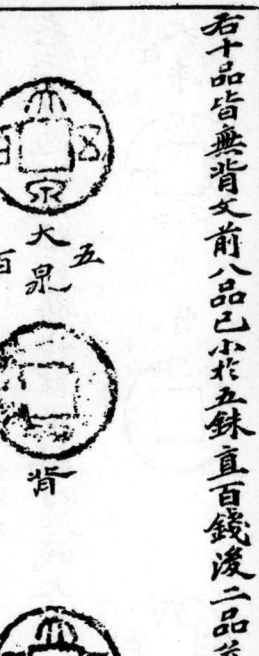

右三品背皆無文末一品較小百字頭侶千字作範時筆誤三國志孫權嘉禾五年鑄大錢一當五百即此

背

背

右六品背皆無文五較小六益小三國志孫權赤烏元年鑄當千大錢即此晉書食貨志元帝過江用孫氏舊錢輕重雜行此錢大小不一是其證大者謂之比輪中者謂之四文

大平百錢

背

背

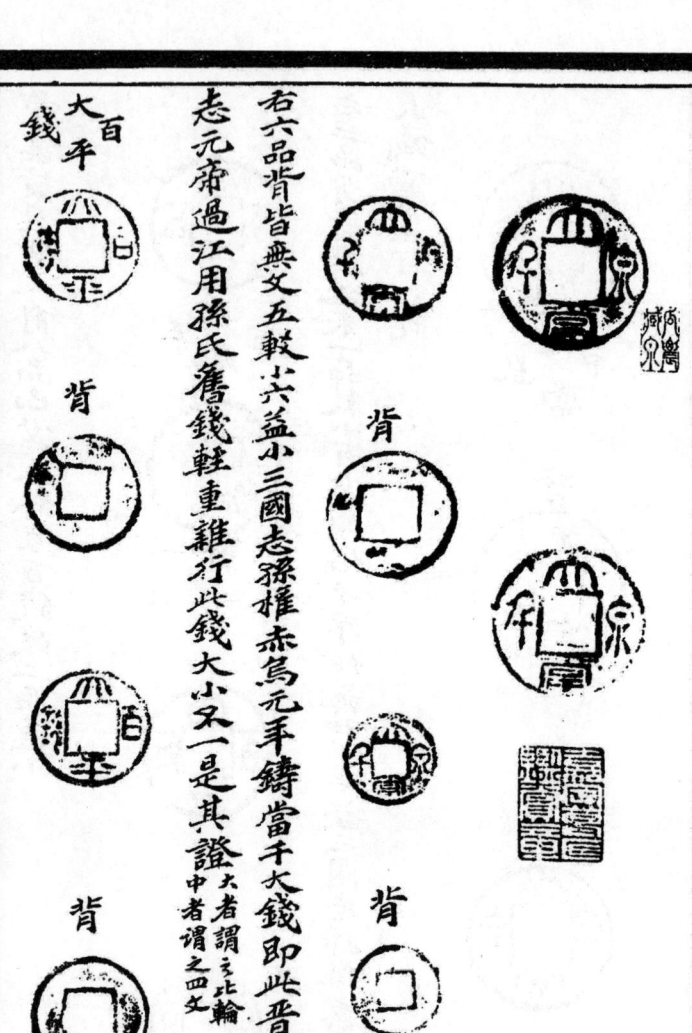

背

太平百金

背

若八品一背内郭左上有泆文餘背無文大小各不同案吳孫亮梁敬帝皆以太平紀年隋書食貨志梁武帝時百姓私以古錢相交易有太平百錢敬帝前已有此種知為孫亮物也金乃錢省

定平一百

背

若四品背無文古泉匯以此種形製與太平百錢同定為三國時物今從之梁武帝時百姓行此錢已謂為古錢見隋書食貨志

五銖

背

若五品背無文晉書食貨志吳興沈充鑄小錢謂之沈郎錢即此吉金錄魏明帝復五銖錢晉用之沈充第小其製仍用其文

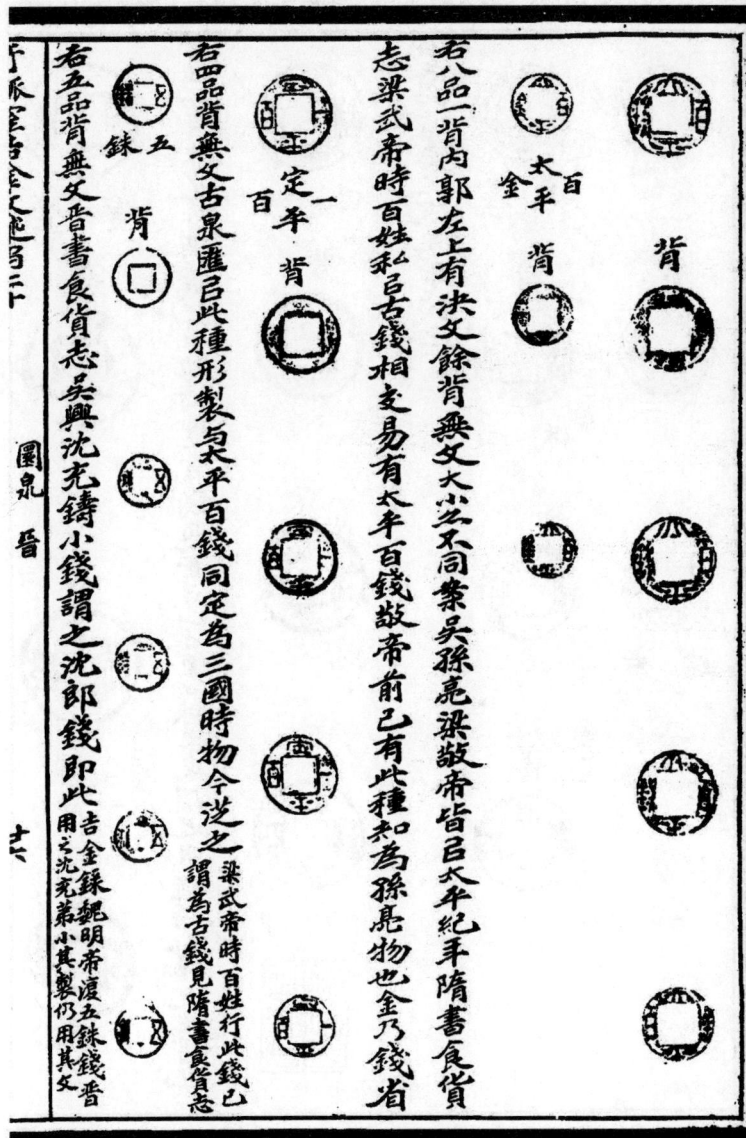

豐貨

背

右三品背無文晉書載記石勒鑄豐貨錢通考徑一寸重四銖半代謂之男錢婦人佩之生男也

四銖

背

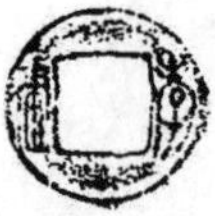

孝建

背

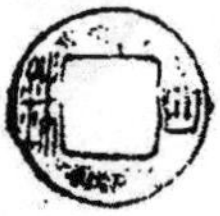

四銖

背

右三品背無文宋文帝錢也

背

孝建

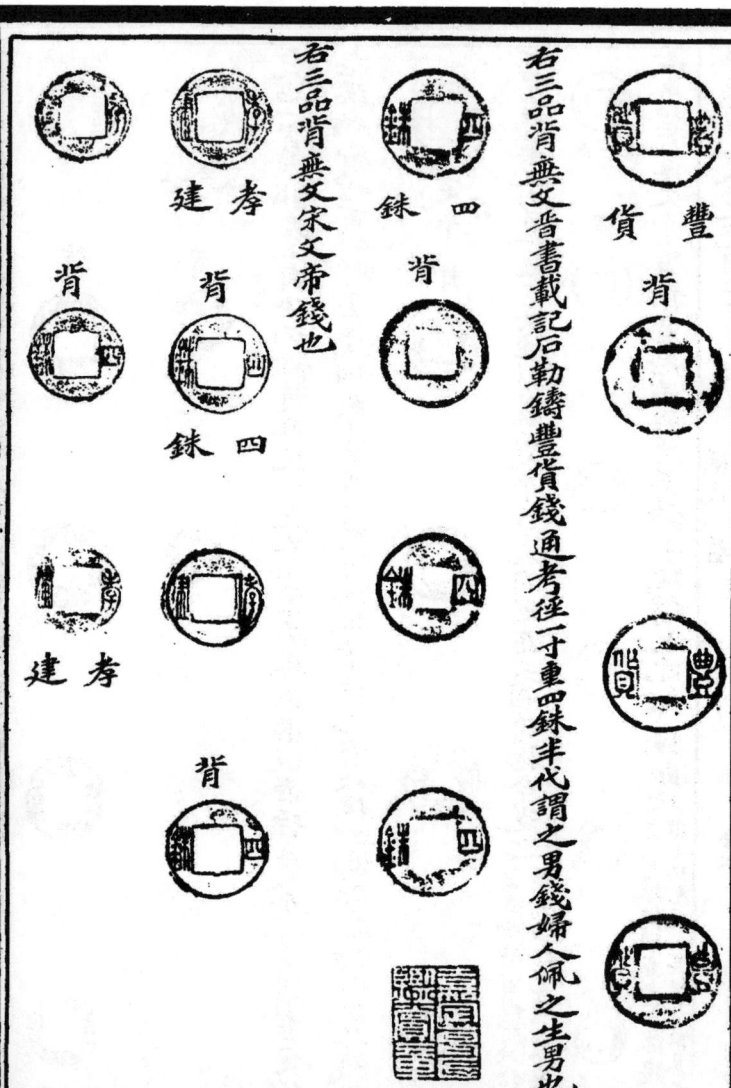

右四品前三品背文作四銖末一品背無文宋武帝錢也舊譜云其後去四銖專為孝建即此

右二品背無文隋書食貨志梁武帝鑄錢肉好周郭文曰五銖即此張台錢錄云五銖錢皆無好郭惟此種有之

右三品背無文通考於五銖稚錢之後又云徑七分半重三銖半文曰五朱源出稚錢但稍遷異吕銖為朱目文有對文錢其源未間而錢譜諸書則吕此種為對文錢未知孰是

右一品背無文面內郭上下各二點梁書敬帝紀太平四年鑄四柱錢歷代鐘官圖經四柱者面穿上下各平列二星即此

五銖

背

右一品面穿上下各一星背文四出隋書食貨志梁末有兩柱錢即此洪遵泉志云梁末有是錢初非鑄於梁也古泉彙考云文雖四出形非壹帝錢比也案此與四柱相侶故編於此

五銖

背

太貨六銖

背

背

右二品背無文陳書宣帝紀大建十一年秋初用太貨六銖即此

太和五銖

背

背

右二品背無文魏書食貨志高祖十九年治鑄初備文曰太和五銖民有欲鑄聽就鑄之即此

永安五銖

背

背

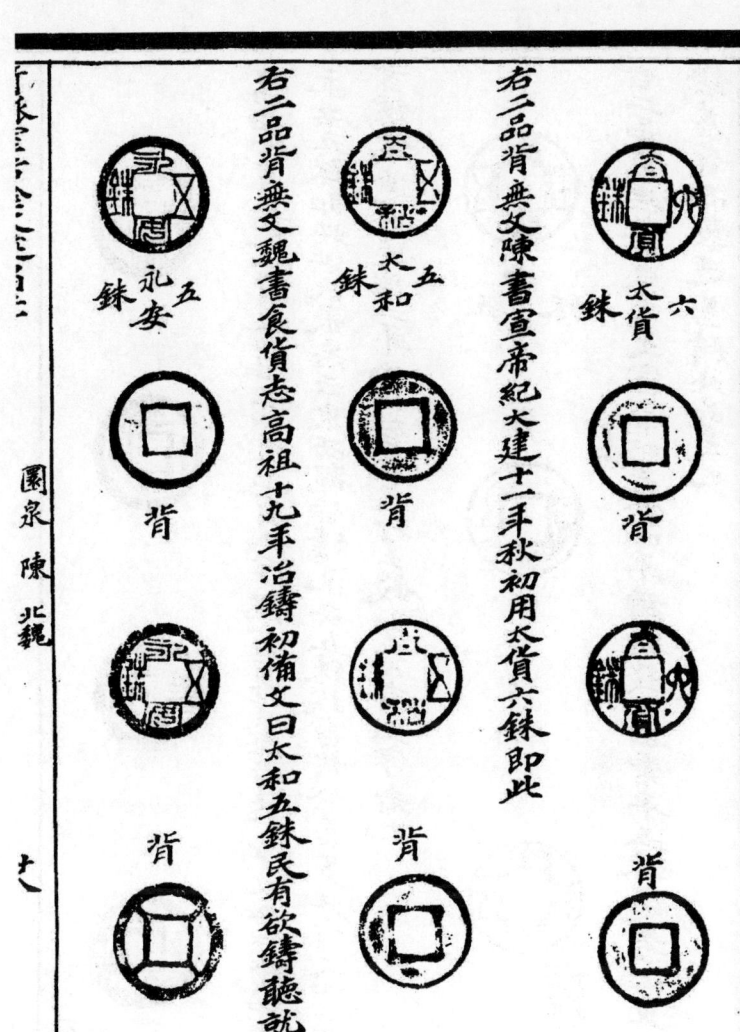

右四品一背無文二背文四出三四背上有土字魏書食貨志孝莊帝永安二年詔改鑄文曰永安五銖即此洪氏泉志云東西魏皆鑄永安五銖故存於今甚多注背文四出者名令公百鑪錢通典延昌二年徐州啓奏求行土錢即背有土字者也

常平五銖

背

右二品背無文北齊書文宣帝紀天保四年鑄新錢文曰常平五銖通考云重如其文其錢甚貴而製造甚精此品是也

布泉

背

右一品背無文通考後周武帝保定元年更鑄布泉𢀖一當五即此

五行大布

背

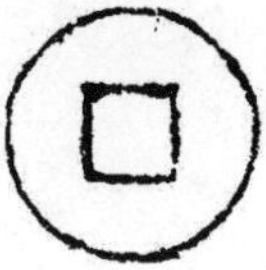

右三品背無文周書武帝紀建德三年更鑄五行大布一當十与布泉並行即此

永通萬國

背

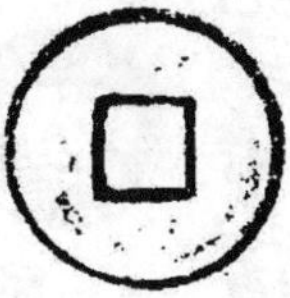

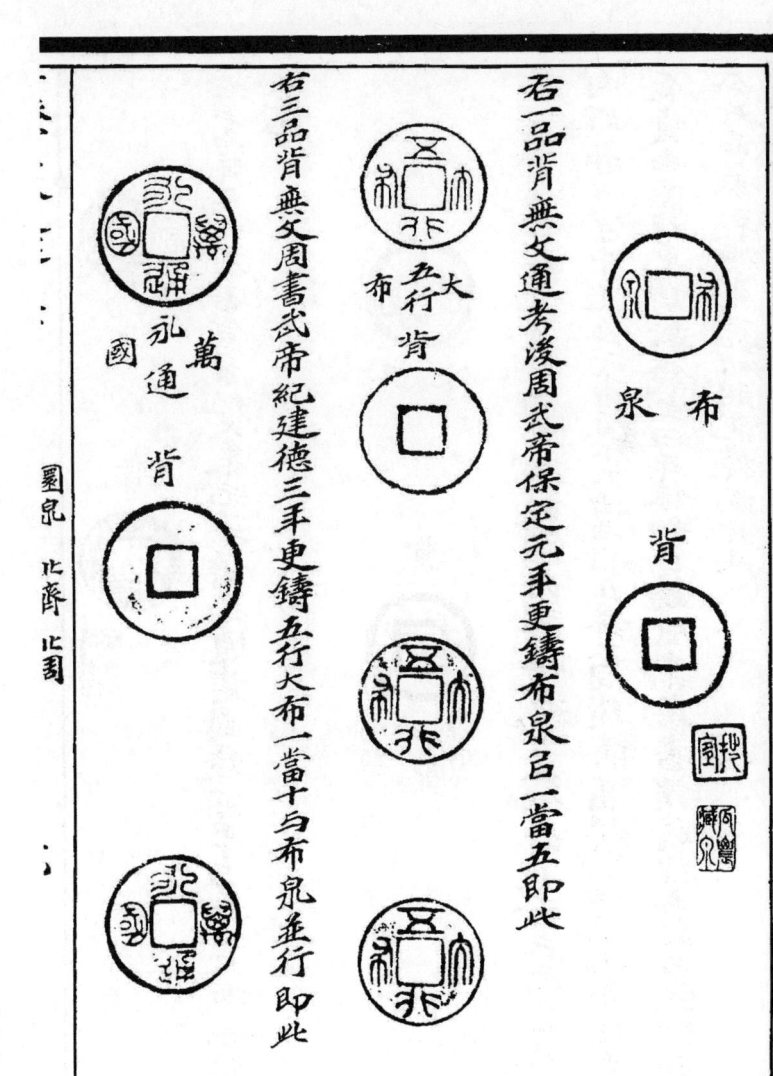

右三品背無文周書宣帝紀大象元年鑄永通萬國錢一當十与五行大布並行此錢
是也

背

五 銖

背

右一品背無文古泉滙云面外郭較闊好郭惟右旁五字有之餘三面皆無背有
肉好郭五字中交乂二畫直下不曲与它五銖不同隋書高祖紀開皇元年行五銖錢
食貨志高祖更鑄新錢文曰五銖和呂錫鑞桼唐書謂隋行五銖白錢即和錫者
今此品篆形輪郭一如竹朋說據編於此

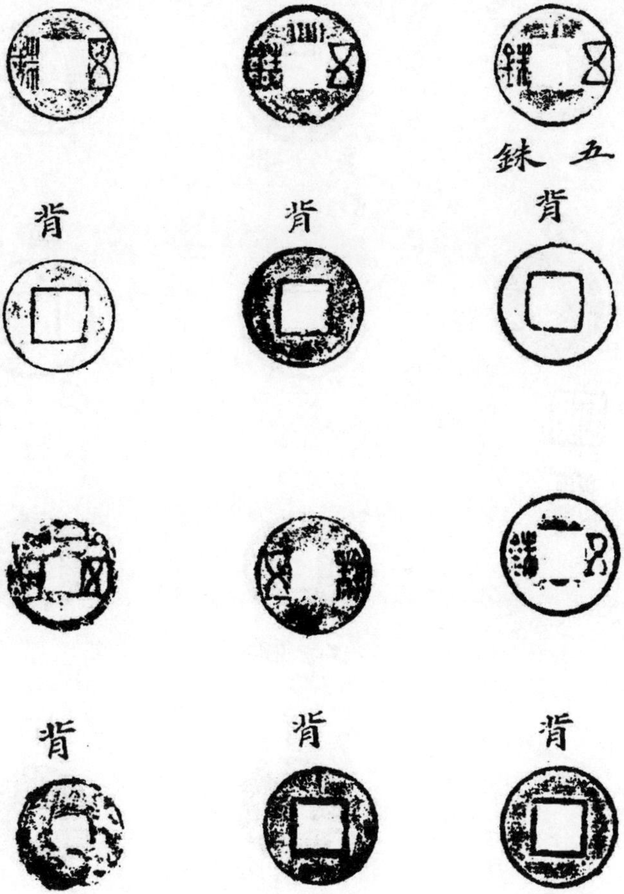
五銖
背
背
背
背
背
背

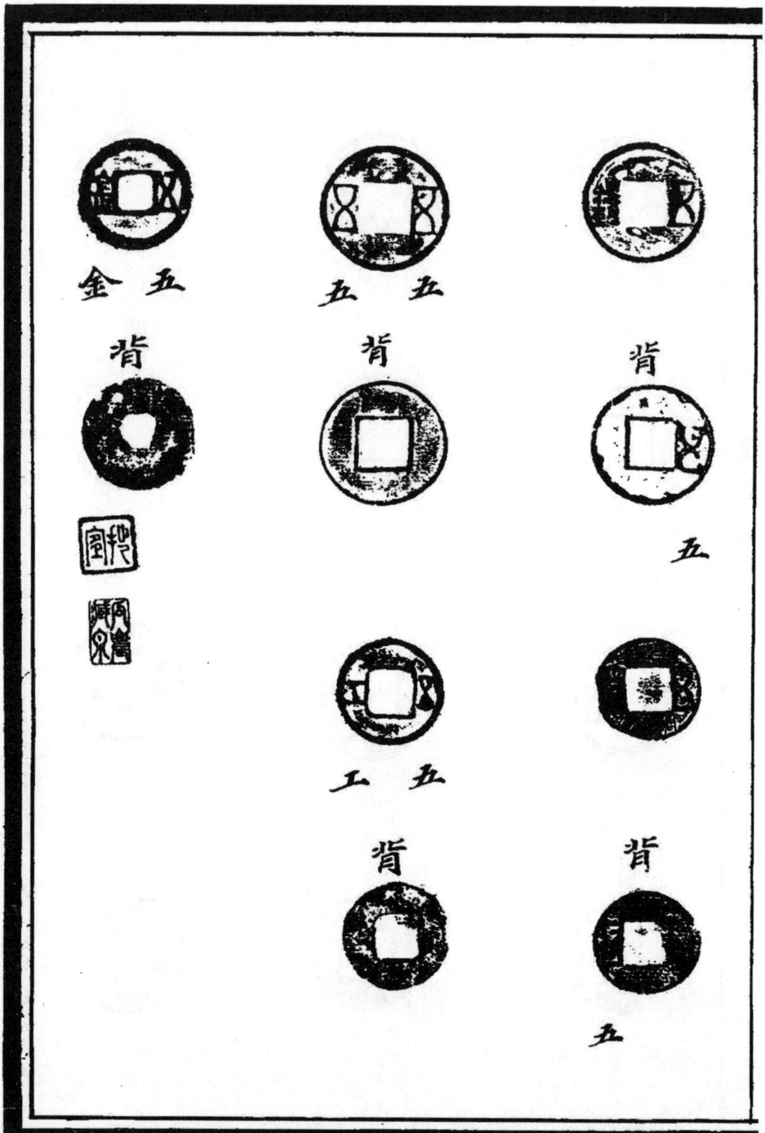
背
五
背
五
五 五
背
五 工
背
五 金
背

右十一品前六品背皆無文一面上一豎文二面下一半星文三面上五豎文次二品一背右有一五字一背左有一五字次二品一面文兩五字平列一面文左五右工背皆無文末一品鐵錢面文作五金背無文古泉匯云五銖自漢迄隋皆用之歷時久遠鼓鑄尤多難分時代俱附六朝之後今從附於此

兩銖

背

右一品背無文古泉匯云據頤烜曰劉氏錢譜所載原始未聞是梁呂前已有之矣今從編於此

唐國通寶

背

開元通寶

背

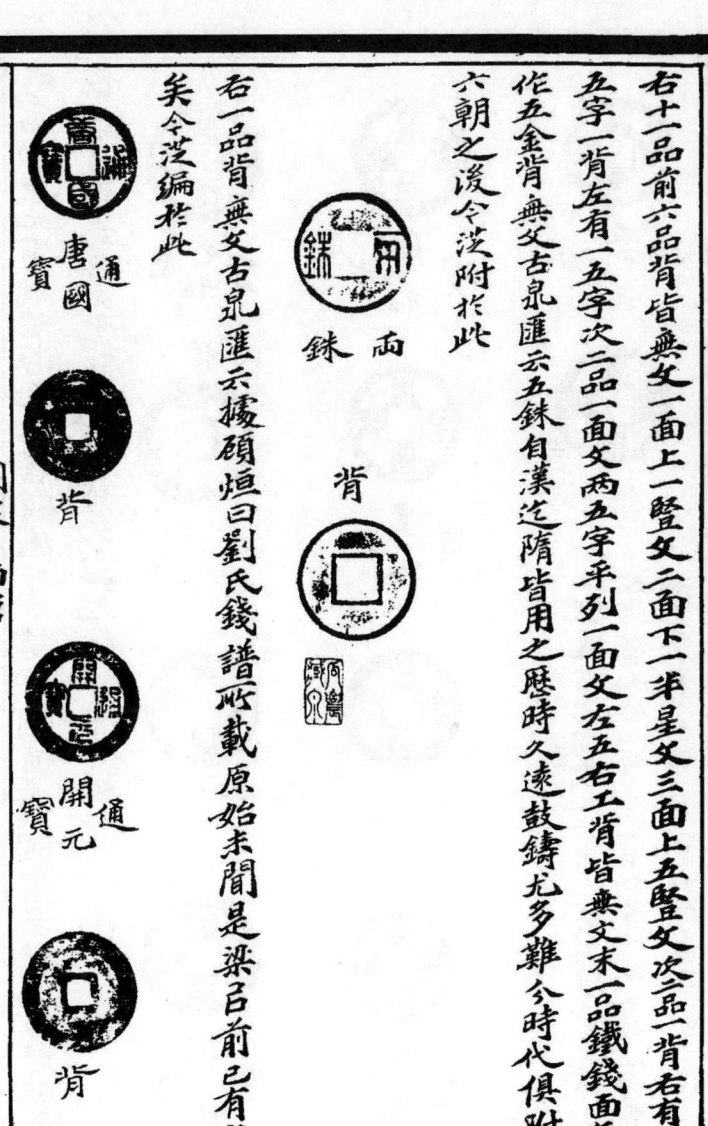

右二品南唐元宗錢陸游南唐書顯德二年鑄唐國通寶陶貨泉錄元宗時韓熙載請以鐵為錢大小如開元通寶文亦如之徐鉉篆其文

天聖元寶

背

明道元寶

皇祐元寶

皇宋通寶

至和元寶

嘉祐元寶

文獻通考國朝錢文皆用元寶而冠以年號及改號寶元當曰寶元元寶詔學士議因請改曰豐濟元寶仁宗特命以皇宋通寶為文

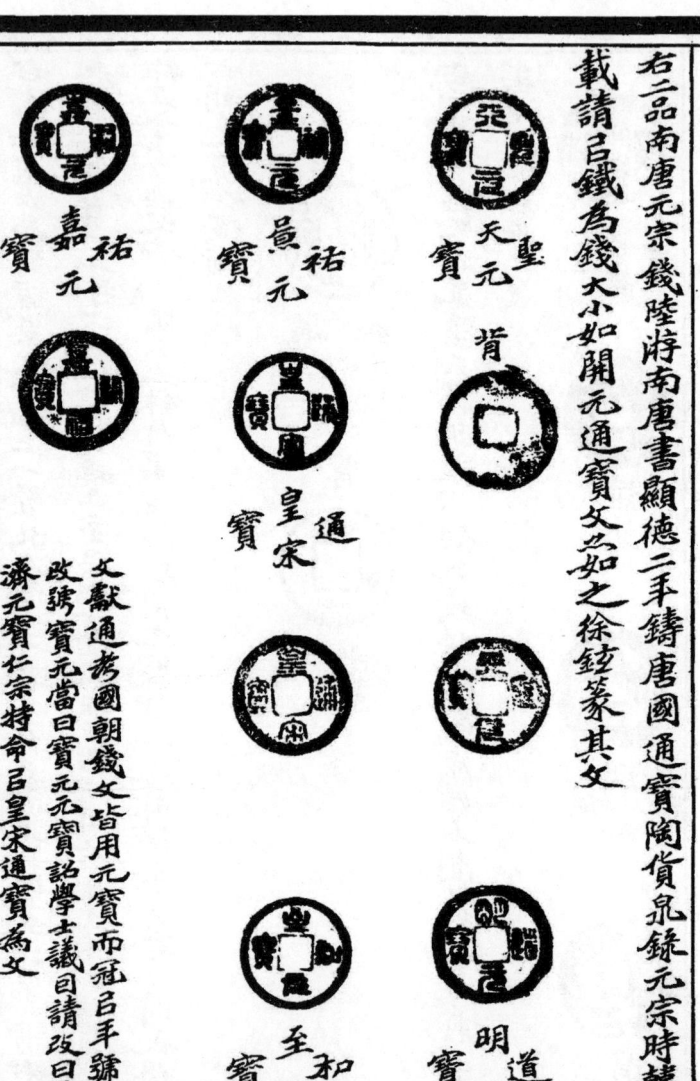

右九品六種小平錢皆宋仁宗鑄

治平元寶

熙寧重寶

熙寧元寶

右四品一宋英宗錢二三四宋神宗錢宋史食貨志熙寧四年皮公弼奏行當二錢詔聽之此大者是也

元豐通寶

背

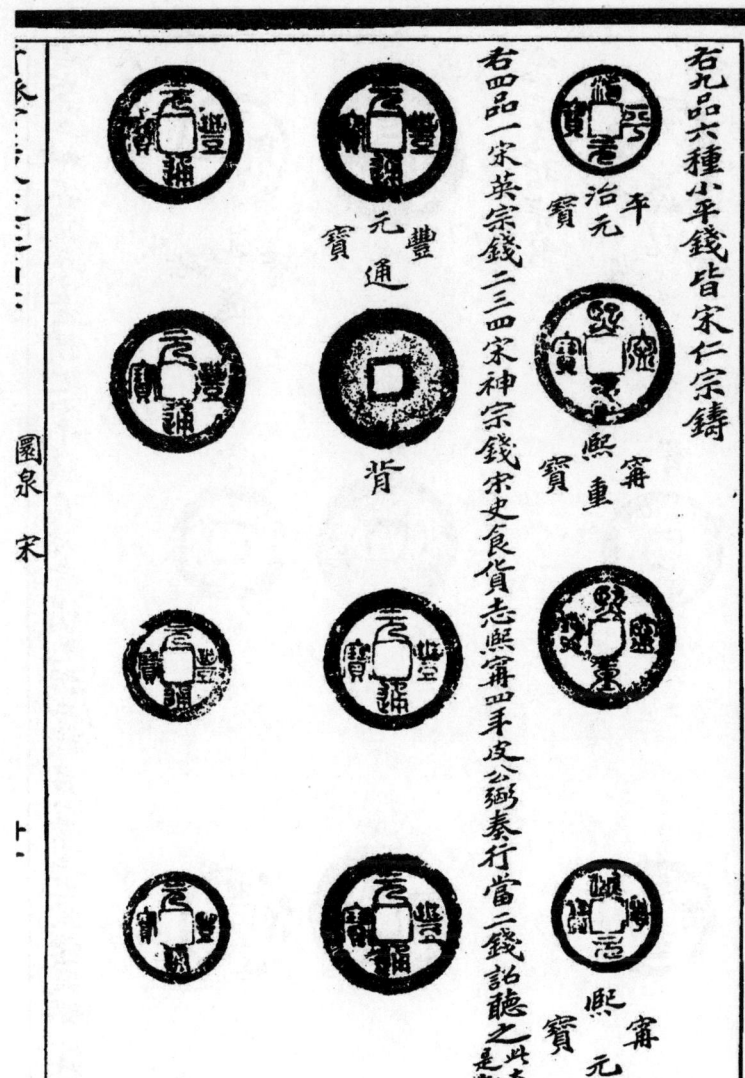

右七品名神宗錢凡小者謂之小平錢其大者謂之折二錢已一當二也宋錢大略如此後

不悉詳

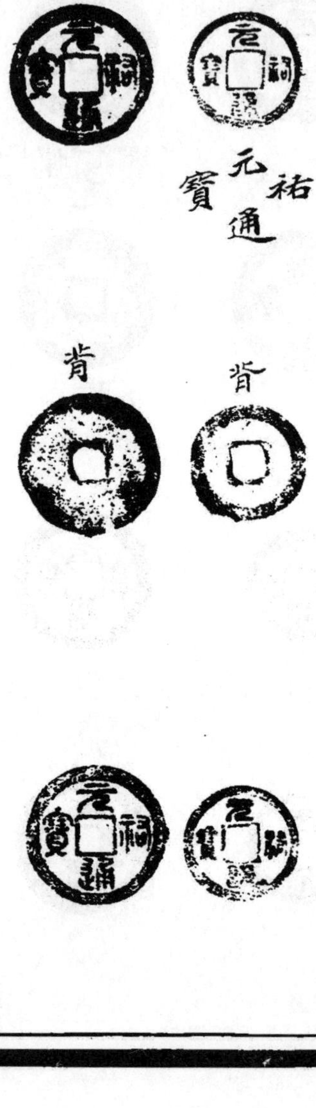

右四品宋哲宗錢

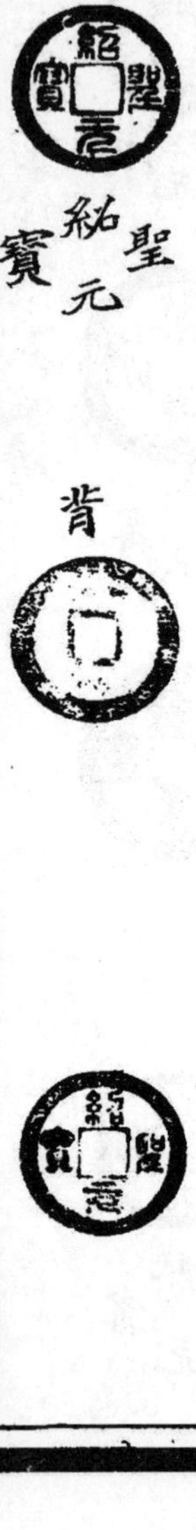

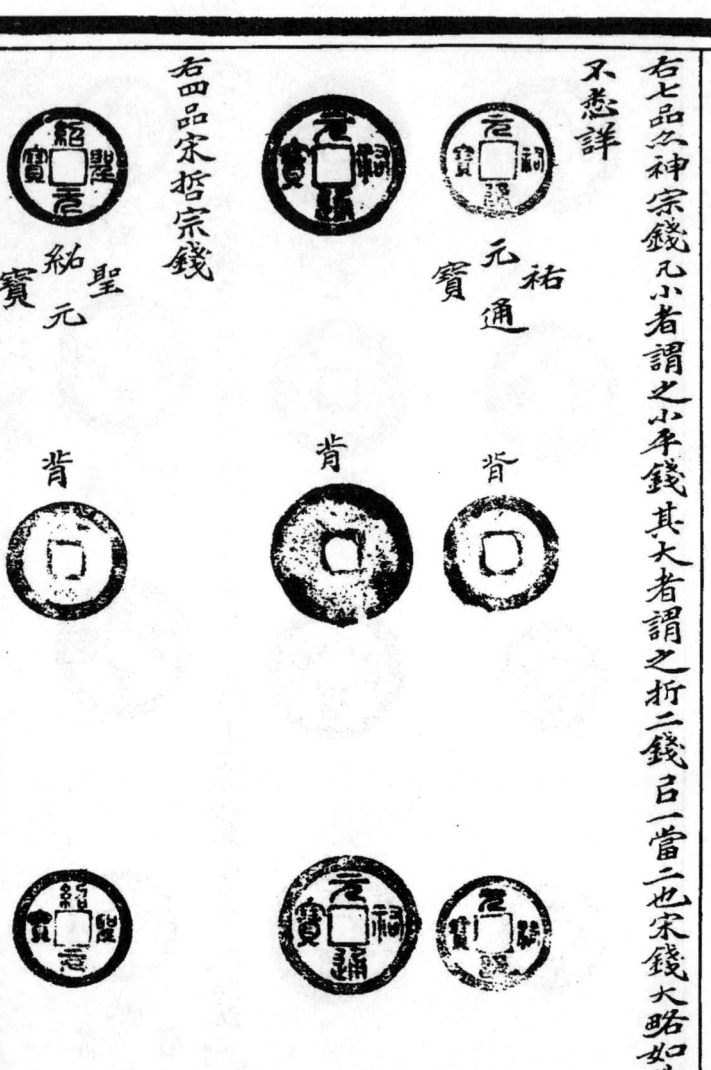

背

右四品並哲宗錢

元符通寶

右三品亦哲宗錢

聖宋元寶

背

右五品宋徽宗錢案宋史食貨志徽宗建中靖國中令陝西及江池饒建州以所鑄小平錢增料及鑄當五大錢以聖宋通寶為文今所見者皆元寶當是史誤

政和通寶

背

宣和通寶

背

右十二品二種皆徽宗錢

靖康元寶

背

右一品宋欽宗錢

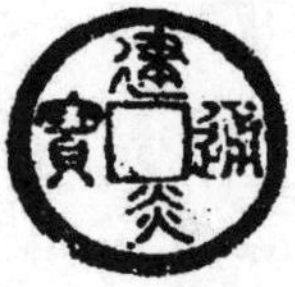

建炎通寳

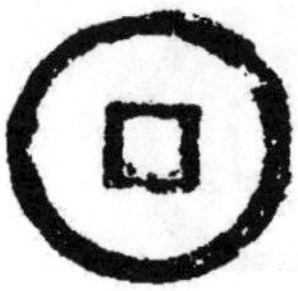

背

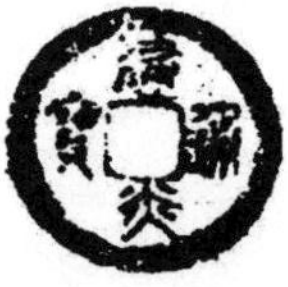

右三品宋高宗錢

紹興元寳

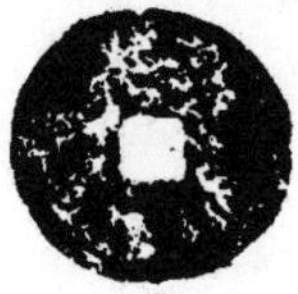

背

右二品亦高宗錢

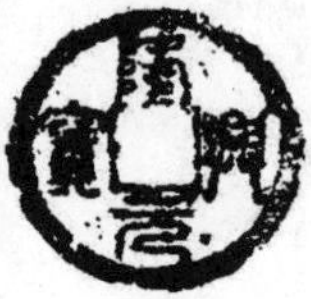

隆興元寳

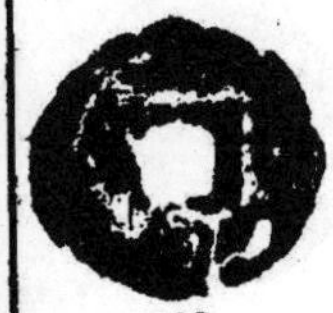

背

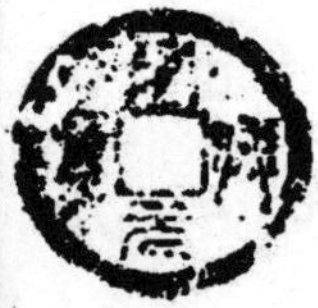

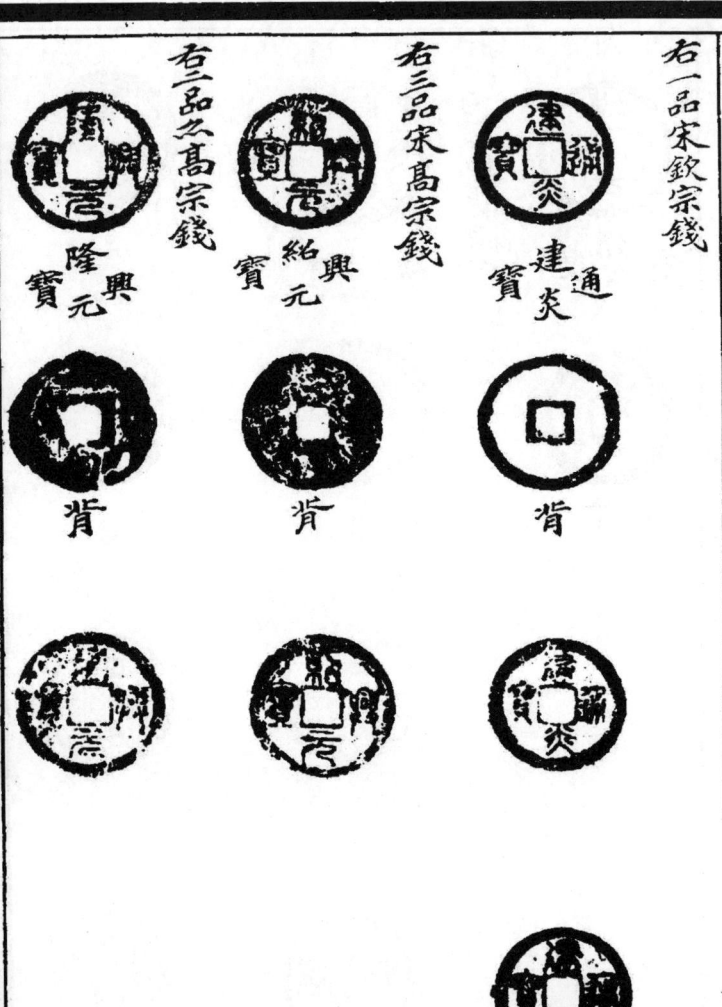

右二品宋孝宗錢

道 乾元 寶

背

右二品亦孝宗錢

四朱

背

臨朐 四朱

背

臨菑 四朱

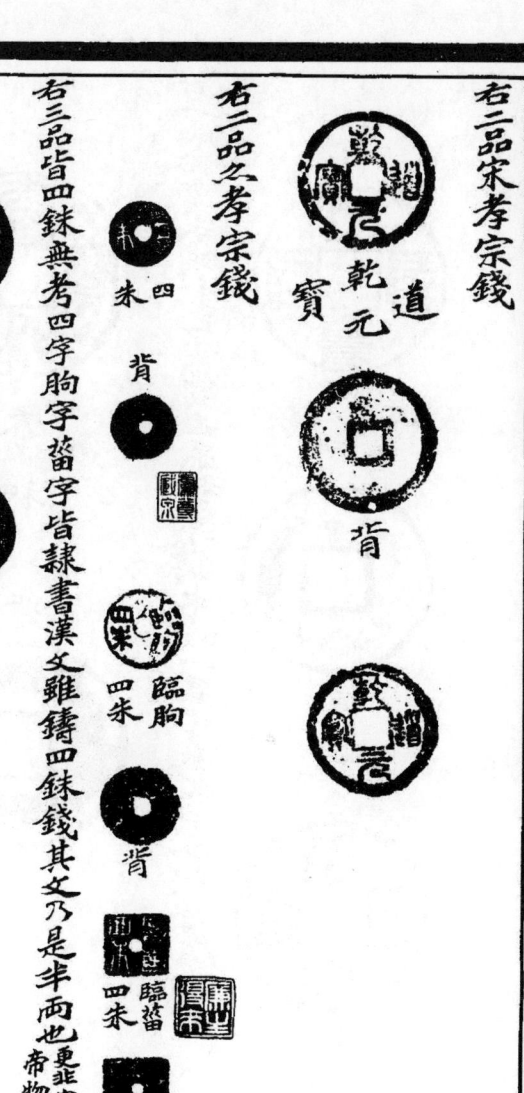

右三品皆四銖無考四字朐字菑字皆隸書漢文雖鑄四銖錢其文乃是半兩也更非宋文帝物

背

右一品西夏錢蕃書瓜農云夢溪筆談二十五元昊立其徒遇乞先剏造蕃書元昊下令國

中悉用蕃書正源案余所得涼州大雲寺碑閔軍門殿魁贈字正如此天佑民安五年立有釋文俟檢

泰和重寶

背

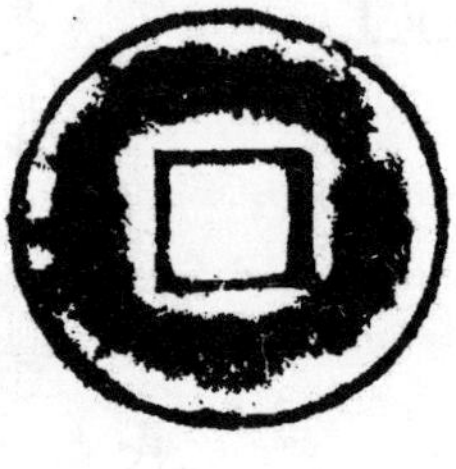

大元通寶

背

右一品金章宗錢金史食貨志泰和四年鑄大錢一直十篆文曰泰和重寶即此

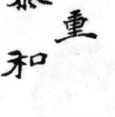

右三品元武宗錢蒙古篆書元史食貨志至大三年立監鑄錢曰大元通寶者一文準至大通寶十文即此

背

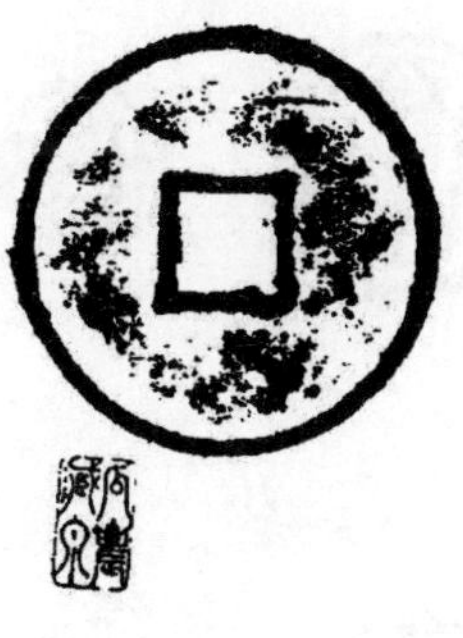

厭勝錢

鉄五

背

右一品面為人跽鑪前形背下為刀形餘不晰

太平百錢　　大泉五十

背　　背

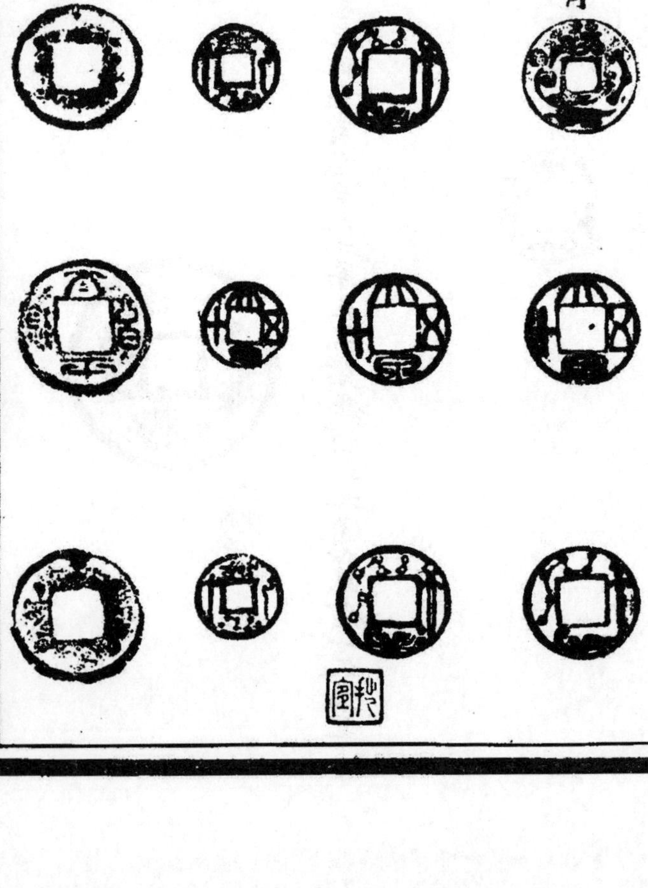

大布　五行

背

右十二品面無花文背文往往為星象雲气刀劍鳥獸之形

附

背

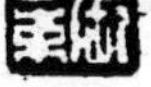

右一品張玊珊藏面文真書四字背上本命元神方牌左犬右星官侶生肖錢十二辰皆有此

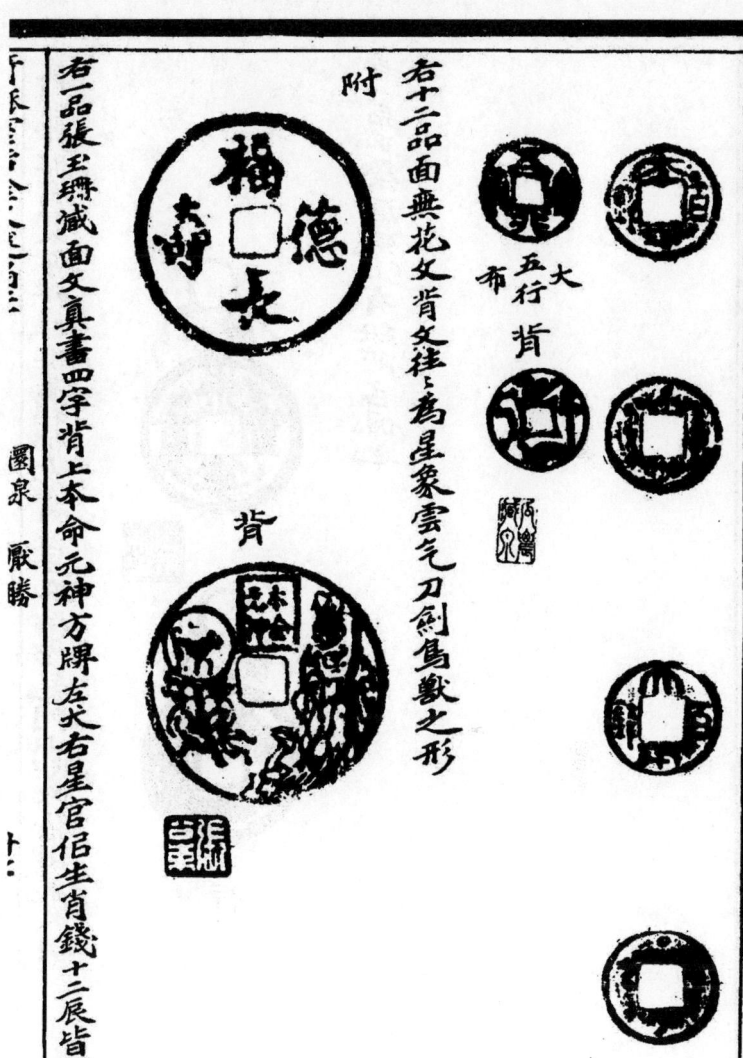

其一耳邢澍寰宇碑錄眞書福德長壽四字在洛陽龍門山知此語由来久矣

背

右一品王祭酒藏上有紐所吕佩也